现代会计学精品系列教材

施工企业会计习题解答与测试题及解答

丁元霖 编著

清华大学出版社
北京交通大学出版社
·北京·

内容简介

本习题集是根据清华大学出版社和北京交通大学出版社联合出版的《施工企业会计》(第3版)中所附的思考题和实务题改编、完善而成的。

本书内容包括施工企业会计的特点、职能,会计基本假设,会计基础和会计信息质量要求的习题解答,施工企业的货币资金和结算业务,存货,应收及预付款项,固定资产、临时设施、无形资产和长期待摊费用,金融资产,长期股权投资和投资性房地产,负债,所有者权益,工程成本和费用,收入,税金和利润的核算,以及财务报告的编制与分析的习题与解答,最后配有两套测试题及解答。

本书封面贴有清华大学出版社防伪标签,无标签者不得销售。
版权所有,侵权必究。侵权举报电话:010-62782989　13501256678　13801310933

图书在版编目(CIP)数据

施工企业会计习题解答与测试题及解答/丁元霖编著. —北京:北京交通大学出版社:
清华大学出版社,2024.5
ISBN 978-7-5121-5206-9

Ⅰ.①施…　Ⅱ.①丁…　Ⅲ.①施工企业-企业会计-题解　Ⅳ.①F407.967.2-44

中国国家版本馆 CIP 数据核字(2024)第 072284 号

施工企业会计习题解答与测试题及解答
SHIGONG QIYE KUAIJI XITI JIEDA YU CESHITI JI JIEDA

责任编辑:	郭东青
出版发行:	清 华 大 学 出 版 社　　邮编:100084　　电话:010-62776969
	北京交通大学出版社　　邮编:100044　　电话:010-51686414
印　刷　者:	三河市华骏印务包装有限公司
经　　　销:	全国新华书店
开　　　本:	185 mm×260 mm　　印张:6.75　　字数:173 千字
版 印 次:	2024 年 5 月第 1 版　　2024 年 5 月第 1 次印刷
印　　　数:	1~1 000 册　　定价:19.00 元

本书如有质量问题,请向北京交通大学出版社质监组反映。对您的意见和批评,我们表示欢迎和感谢。
投诉电话:010-51686043,51686008;传真:010-62225406;E-mail:press@bjtu.edu.cn。

前　言

　　为了满足教师教学和学员学习的需要，编者按照施工企业会计的教学要求编写了本书。本书是在清华大学出版社和北京交通大学出版社联合出版的《施工企业会计》（第3版）中所附思考题和实务题的基础上改编、完善而成的。

　　本书习题部分的题型分为思考题和实务题。思考题又分为是非题、单项选择题和多项选择题。实务题又分为分录题、计算题和编表题。除习题部分外，本书还包括测试题及解答部分。这样安排既有利于教师根据不同层次教学进程的需要选用，又有利于学员加深理解、巩固和融会贯通，且便于学员自测。

　　通过这些习题练习，可以使学员较好地掌握施工企业会计的理论知识和核算方法，有利于学员加强基本技能的训练，培养和提高学员的动手能力和分析问题、解决问题的能力。

　　本书由丁元霖编写。

　　由于编者水平有限，本书难免存在缺点和错误之处，恳请广大读者批评指正。

编　者
2024 年 1 月

目　录

习题解答

第一章　总论 …………………………（ 1 ）
　一、简答题（略）………………（ 1 ）
　二、名词解释题（略）…………（ 1 ）
　三、是非题① ……………………（ 1 ）
　四、单项选择题 …………………（ 1 ）
　五、多项选择题 …………………（ 1 ）
第二章　货币资金和结算业务 ……（ 2 ）
　一、简答题（略）………………（ 2 ）
　二、名词解释题（略）…………（ 2 ）
　三、是非题 ………………………（ 2 ）
　四、单项选择题 …………………（ 2 ）
　五、多项选择题 …………………（ 2 ）
　六、实务题 ………………………（ 2 ）
　习题一　练习货币资金的
　　　　　核算 …………………（ 2 ）
　习题二　练习票据和信用卡
　　　　　结算的核算 …………（ 3 ）
　习题三　练习转账结算的
　　　　　核算 …………………（ 4 ）
　习题四　练习编制银行存款余额
　　　　　调节表 ………………（ 5 ）
第三章　存货 ………………………（ 6 ）
　一、简答题（略）………………（ 6 ）
　二、名词解释题（略）…………（ 6 ）
　三、是非题 ………………………（ 6 ）
　四、单项选择题 …………………（ 6 ）
　五、多项选择题 …………………（ 6 ）
　六、实务题 ………………………（ 6 ）

　习题一　练习发出存货的
　　　　　计量 …………………（ 6 ）
　习题二　练习原材料采用实际
　　　　　成本法的核算 ………（ 8 ）
　习题三　练习原材料采用计划
　　　　　成本法的核算 ………（ 9 ）
　习题四　练习委托加工材料的
　　　　　核算 …………………（ 12 ）
　习题五　练习周转材料的
　　　　　核算 …………………（ 12 ）
　习题六　练习低值易耗品的
　　　　　核算 …………………（ 13 ）
　习题七　练习存货清查盘点和
　　　　　期末计量的核算 ……（ 14 ）
第四章　应收及预付款项 …………（ 15 ）
　一、简答题（略）………………（ 15 ）
　二、名词解释题（略）…………（ 15 ）
　三、是非题 ………………………（ 15 ）
　四、单项选择题 …………………（ 15 ）
　五、多项选择题 …………………（ 15 ）
　六、实务题 ………………………（ 15 ）
　习题一　练习应收账款的
　　　　　核算 …………………（ 15 ）
　习题二　练习预付账款和其他
　　　　　应收款的核算 ………（ 16 ）
　习题三　练习坏账损失的
　　　　　核算 …………………（ 16 ）
第五章　固定资产、临时设施、
　　　　无形资产和长期待摊
　　　　费用 …………………（ 18 ）
　一、简答题（略）………………（ 18 ）

---

① 简答题和名词解释题教材中都有，在习题解答中就略去了，习题解答从是非题开始。

二、名词解释题（略）…………（18）
三、是非题…………………………（18）
四、单项选择题……………………（18）
五、多项选择题……………………（18）
六、实务题…………………………（18）
  习题一 练习固定资产取得的
      核算……………………（18）
  习题二 练习固定资产折旧的
      核算……………………（19）
  习题三 练习固定资产折旧和
      后续支出的核算………（21）
  习题四 练习固定资产处置、
      清查和减值的核算……（22）
  习题五 练习临时设施的
      核算……………………（23）
  习题六 练习无形资产和长期
      待摊费用的核算………（25）

第六章 金融资产…………………（27）
一、简答题（略）…………………（27）
二、名词解释题（略）……………（27）
三、是非题…………………………（27）
四、单项选择题……………………（27）
五、多项选择题……………………（27）
六、实务题…………………………（27）
  习题一 练习交易性金融资产的
      核算……………………（27）
  习题二 练习债权投资的
      核算……………………（29）
  习题三 练习其他债权投资的
      核算……………………（31）
  习题四 练习其他权益工具
      投资的核算……………（32）

**第七章 长期股权投资和
    投资性房地产**…………………（34）
一、简答题（略）…………………（34）
二、名词解释题（略）……………（34）
三、是非题…………………………（34）
四、单项选择题……………………（34）
五、多项选择题……………………（34）

六、实务题…………………………（34）
  习题一 练习长期股权投资初始
      成本的核算……………（34）
  习题二 练习长期股权投资后续
      计量的核算……………（35）
  习题三 练习投资性房地产的
      核算……………………（36）

第八章 负债…………………………（39）
一、简答题（略）…………………（39）
二、名词解释题（略）……………（39）
三、是非题…………………………（39）
四、单项选择题……………………（39）
五、多项选择题……………………（39）
六、实务题…………………………（39）
  习题一 练习流动负债的
      核算……………………（39）
  习题二 练习长期借款的
      核算……………………（41）
  习题三 练习应付债券的
      核算……………………（42）
  习题四 练习长期应付款的
      核算……………………（45）
  习题五 练习预计负债的
      核算……………………（45）

第九章 所有者权益…………………（47）
一、简答题（略）…………………（47）
二、名词解释题（略）……………（47）
三、是非题…………………………（47）
四、单项选择题……………………（47）
五、多项选择题……………………（47）
六、实务题…………………………（47）
  习题一 练习投资者投入资本的
      核算……………………（47）
  习题二 练习库存股的核算……（48）
  习题三 练习资本公积、其他
      综合收益和盈余公积的
      核算……………………（49）

第十章 工程成本和费用……………（50）
一、简答题（略）…………………（50）

二、名词解释题（略）…………（50）
三、是非题 ………………………（50）
四、单项选择题 …………………（50）
五、多项选择题 …………………（50）
六、实务题 ………………………（50）
 习题一 练习材料费、人工费和
    辅助生产费用的归集与
    分配 ………………………（50）
 习题二 练习辅助生产费用的
    分配 ………………………（52）
 习题三 练习机械使用费的
    核算 ………………………（54）
 习题四 练习其他直接费用和
    间接费用的归集与
    分配 ………………………（56）
 习题五 练习工程成本的结转与
    竣工成本决算 ……………（57）
 习题六 练习期间费用的
    核算 ………………………（60）

第十一章 收入 …………………（62）

一、简答题（略）…………………（62）
二、名词解释题（略）…………（62）
三、是非题 ………………………（62）
四、单项选择题 …………………（62）
五、多项选择题 …………………（62）
六、实务题 ………………………（62）
 习题一 练习完工百分比法的
    运用 ………………………（62）
 习题二 练习建造合同收入的
    核算 ………………………（63）
 习题三 练习工程价款结算的
    核算 ………………………（65）
 习题四 练习其他业务收入的
    核算 ………………………（66）

第十二章 税金和利润 ……………（67）

一、简答题（略）…………………（67）
二、名词解释题（略）…………（67）
三、是非题 ………………………（67）
四、单项选择题 …………………（67）
五、多项选择题 …………………（67）
六、实务题 ………………………（67）
 习题一 练习税金和教育费
    附加的核算 ………………（67）
 习题二 练习利润总额的
    核算 ………………………（68）
 习题三 练习所得税费用的
    核算 ………………………（69）
 习题四 练习利润的核算 ………（70）
 习题五 练习利润分配的
    核算 ………………………（71）

第十三章 财务报告 ………………（72）

一、简答题（略）…………………（72）
二、名词解释题（略）…………（72）
三、是非题 ………………………（72）
四、单项选择题 …………………（72）
五、多项选择题 …………………（72）
六、实务题 ………………………（72）
 习题一 练习财务报表的
    编制 ………………………（72）
 习题二 练习财务报表的
    分析 ………………………（79）
 习题三 练习前期差错的
    更正 ………………………（80）

测试题 …………………………………（82）

测试题一 ………………………………（82）
测试题二 ………………………………（86）

测试题解答 ……………………………（92）

习 题 解 答

第一章 总 论

一、简答题（略）

二、名词解释题（略）

三、是非题

1. √ 2. × 3. √ 4. √ 5. × 6. × 7. ×

四、单项选择题

1. C 2. D 3. B 4. D

五、多项选择题

1. ABCD 2. AD 3. ACD 4. ABD 5. ABC

第二章 货币资金和结算业务

一、简答题（略）

二、名词解释题（略）

三、是非题

1. × 2. × 3. √ 4. × 5. × 6. √ 7. × 8. √ 9. ×

四、单项选择题

1. A 2. B 3. D 4. C 5. A

五、多项选择题

1. ABCD 2. ABCD 3. ACD 4. ABDE 5. BCDEF 6. ABD

六、实务题

习题一 练习货币资金的核算

申江建筑公司会计分录。

会计分录   单位：元

2023年 月	2023年 日	凭证号数	摘要	科目及子细目	借方金额	贷方金额
1	2	1	提取现金	库存现金	2 000.00	
				银行存款		2 000.00
	2	2	拨付备用金	备用金——业务部门	1 000.00	
				备用金——总务部门	1 000.00	
				库存现金		2 000.00
	8	3	业务部门报账	管理费用——差旅费	180.00	
				管理费用——业务招待费	450.00	
				管理费用——其他费用	210.00	
				库存现金		840.00
	10	4	总务部门报账	管理费用——差旅费	136.00	
				管理费用——修理费	180.00	
				管理费用——其他费用	570.00	
				库存现金		886.00

习题二 练习票据和信用卡结算的核算

会计分录

单位：元

2023年		凭证号数	摘要	科目及子细目	借方金额	贷方金额
月	日					
3	1	1	购进黄沙	在途物资——惠南建材公司 　　银行存款	32 500.00	32 500.00
	3	2	建造办公楼收入	银行存款 　　主营业务收入	198 000.00	198 000.00
	5	3	提取现金	库存现金 　　银行存款	1 800.00	1 800.00
	8	4	申请银行汇票	其他货币资金——银行汇票 　　银行存款	180 000.00	180 000.00
	10	5	购进挖掘机	固定资产——生产经营用固定资产 　　其他货币资金——银行汇票	178 800.00	178 800.00
	12	6	收到8日签发银行汇票余款	银行存款 　　其他货币资金——银行汇票	1 200.00	1 200.00
	14	7	购进钢筋	在途物资——上海钢厂 　　应付票据——面值——上海钢厂	45 000.00	45 000.00
	15	8	扩建商场收入，收到带息汇票	应收票据——面值——静安商厦 　　主营业务收入	150 000.00	150 000.00
	18	9	存入信用卡备用金	其他货币资金——信用卡存款 财务费用 　　银行存款	30 000.00 40.00	30 040.00
	20	10	购进石子	在途物资——吴淞建材公司 　　其他货币资金——信用卡存款	25 200.00	25 200.00
	22	11	兑付带息商业汇票本息	应付票据——面值——东风公司 应付票据——利息——东风公司 财务费用——利息支出 　　银行存款	60 000.00 288.00 252.00	60 540.00
	24	12	24日收到汇票办理贴现	银行存款 财务费用——利息支出 　　应收票据	118 488.00 1 512.00	120 000.00
	26	13	信用卡结算改建客房工程收入	银行存款 财务费用——手续费 　　主营业务收入	98 109.00 891.00	99 000.00
	28	14	28日收到汇票办理贴现	银行存款 财务费用——利息支出 　　应收票据	190 718.28 1 281.72	192 000.00

续表

2023年		凭证号数	摘要	科目及子细目	借方金额	贷方金额
月	日					
	31	15	计提签发商业利息	财务费用——利息支出 　　应付票据——利息——上海钢厂	153.00	153.00
	31	16	计提收到商业汇票利息	应收票据——利息——静安商厦 　　财务费用——利息支出	480.00	480.00

习题三　练习转账结算的核算

会计分录

单位：元

2023年		凭证号数	摘要	科目及子细目	借方金额	贷方金额
月	日					
6	2	1	汇出函购推土机款	应付账款——济南机械厂 　　银行存款	175 000.00	175 000.00
	5	2	电汇开立采购专户	其他货币资金——外埠存款 　　银行存款	50 000.00	50 000.00
	8	3	购进石子	在途物资——开远采石场 　　其他货币资金——外埠存款	49 600.00	49 600.00
	10	4	收到函购金属构件款项	银行存款 　　应收账款——中原建筑公司	106 600.00	106 600.00
	12	5	采购专户结清，余款退回	银行存款 　　其他货币资金——外埠存款	400.00	400.00
	15	6	函购推土机	固定资产 银行存款 　　应付账款——济南机械厂	174 750.00 250.00	175 000.00
	18	7	销售函购金属构件	应收账款——中厚建筑公司 　　其他业务收入 　　银行存款	106 600.00	105 000.00 1 600.00
	20	8	代垫B金属构件运费	应收账款——代垫运杂费 　　银行存款	990.00	990.00
	21	9	销售B金属构件	应收账款——金华建筑公司 　　其他业务收入 　　应收账款——代垫运杂费	106 990.00	106 000.00 990.00
	25	10	购进水泥	在途物资——江南水泥厂 　　银行存款	34 500.00	34 500.00
	28	11	收到金华建筑公司款项	银行存款 　　应收账款——金华建筑公司	106 990.00	106 990.00
	30	12	支付本月电话费	管理费用 　　银行存款	1 200.00	1 200.00

习题四　练习编制银行存款余额调节表

银行存款余额调节表

2023 年 6 月 30 日　　　　　　　　　　　　　　　　　　　　单位：元

项　目	金　额	项　目	金　额
银行存款日记账余额	305 000.00	银行对账单余额	345 580.00
加：银行已收账，而企业尚未收账数：		加：企业已收账，而银行尚未收账数：	
托收承付（收到工程款）	132 280.00	转账支票号76294（工程款收入）	148 500.00
减：银行已付账，而企业尚未付账数：		减：企业已付账，而银行尚未付账数：	
短期借次计息单	9 690.00	转账支票号53427（支付进料款）	67 670.00
特约委托收款（水费）	1 180.00		
调节后余款	426 410.00	调节后余款	426 410.00

第三章　存　货

一、简答题（略）

二、名词解释题（略）

三、是非题

1. ×　2. ×　3. ×　4. ×　5. √　6. ×　7. √　8. √　9. ×

四、单项选择题

1. C　2. A　3. C　4. D

五、多项选择题

1. ABD　2. ACD　3. BD　4. ABCD　5. ABCD　6. ACD

六、实务题

习题一　练习发出存货的计量

（一）先进先出法。

原材料明细分类账

原材料名称：瓷水斗　　编号：1505　　数量单位：只　　金额单位：元

2023年		凭证号数	摘要	收入			发出			结存		
月	日			数量	单价	金额	数量	单价	金额	数量	单价	金额
6	1		期初结存							1 000	22.00	22 000.00
	4	6	领用				500	22.00	11 000.00	500	22.00	11 000.00
	10	12	领用				450	22.00	9 900.00	50	22.00	1 100.00
	14	17	购进	1 200	22.50	27 000.00					50×22.00	
										1 250	1 200×22.50	28 100.00
	16	21	领用				50	22.00	1 100.00			
							350	22.50	7 875.00	850	22.50	19 125.00
	20	26	领用				600	22.50	13 500.00	250	22.50	5 625.00
	25	32	购进	1 500	22.20	33 300.00					250×22.50	
										1 750	1 750×22.20	38 925.00
	29	40	领用				250	22.50	5 625.00			
							410	22.20	9 102.00	1 090	22.20	24 198.00
	30	45	盘亏				2	22.20	44.40	1 088	22.20	24 153.60
6	30		本月合计	2 700		60 300.00	2 612		58 146.40	1 088	22.20	24 153.60

（二）移动加权平均法。

原材料明细分类账

原材料名称：瓷水斗　　　　编号：1505　　　　数量单位：只　　　　金额单位：元

2023年		凭证号数	摘要	收入			发出			结存		
月	日			数量	单价	金额	数量	单价	金额	数量	单价	金额
6	1		期初结存							1 000	22.00	22 000.00
	4	6	领用				500	22.00	11 000.00	500	22.00	11 000.00
	10	12	领用				450	22.00	9 900.00	50	22.00	1 100.00
	14	17	购进	1 200	22.50	27 000.00				1 250	22.48	28 100.00
	16	21	领用				400	22.48	8 992.00	850	22.48	19 108.00
	20	26	领用				600	22.48	13 488.00	250	22.48	5 620.00
	25	32	购进	1 500	22.20	33 300.00				1 750	22.24	38 920.00
	29	40	领用				660	22.24	14 678.40	1 090	22.24	24 241.60
	30	45	盘亏				2	22.24	44.48	1 088	22.24	24 197.12
6	30		本月合计	2 700		60 300.00	2 612		58 102.88	1 088	22.24	24 197.12

6月14日加权平均单价 = $\dfrac{1\,100+27\,000}{50+1\,200}$ = 22.48（元）

6月25日加权平均单价 = $\dfrac{5\,620+33\,300}{250+1\,500}$ = 22.24（元）

（三）综合加权平均法。

原材料明细分类账

原材料名称：瓷水斗　　　　编号：1505　　　　数量单位：只　　　　金额单位：元

2023年		凭证号数	摘要	收入			发出			结存		
月	日			数量	单价	金额	数量	单价	金额	数量	单价	金额
6	1		期初结存							1 000	22.00	22 000.00
	4	6	领用				500			500		
	10	12	领用				450			50		
	14	17	购进	1 200	22.50	27 000.00				1 250		
	16	21	领用				400			850		
	20	26	领用				600			250		
	25	32	购进	1 500	22.20	33 300.00				1 750		
	29	40	领用				660			1 090		
	30	45	盘亏				2	22.00	44.00	1 088		
	30		结转发出材料成本						58 055.18	1 088	22.243 4	24 200.82
6	30		本月合计	2 700		60 300.00	2 612		58 055.18	1 088	22.243 4	24 200.82

加权平均单价 = $\dfrac{22\,000+60\,300-44}{1\,000+2\,700-2}$ = 22.243 4（元）

期末结存瓷水斗金额 = 1 088×22.2434 = 24 200.82（元）

发出瓷水斗成本 = 22 000+60 300-44-24 200.82 = 58 055.18（元）

习题二 练习原材料采用实际成本法的核算

会计分录

单位：元

2023年 月	2023年 日	凭证号数	摘要	科目及子细目	借方金额	贷方金额
6	2	1	购进原木，已验收入库	原材料——主要材料——木材	60 000.00	
				应交税费——应交增值税——进项税额	5 400.00	
				银行存款		65 400.00
	8	2	承付水泥货款，增值税及运费、装卸费	在途物资——江南水泥厂	50 600.00	
				应交税费——应交增值税——进项税额	6 498.00	
				银行存款		57 098.00
	10	3	8日购入水泥入库	原材料——主要材料——硅酸盐材料	50 600.00	
				在途物资——江南水泥厂		50 600.00
	14	4	承付石子货款、增值税，运费及装卸费	在途物资——西山采石场	26 900.00	
				应交税费——应交增值税——进项税额	3 357.00	
				银行存款		30 257.00
	16	5	14日购入石子入库，短缺45吨，结转其成本	原材料——主要材料——硅酸盐材料	24 155.00	
				待处理财产损溢	2 745.00	
				在途物资——西山采石场		26 900.00
	18	6	赊购钢筋	原材料——主要材料——金属材料	94 600.00	
				应付账款——嘉兴建材市场		94 600.00
	20	7	经联系西山采石场同意退还账款，运输公司同意赔偿，账款尚未收到	应收账款——西山采石场	2 757.20	
				其他应收款——运输公司	305.00	
				待处理财产损溢		2 745.00
				应交税费——应交增值税——进项税额		317.20
	27	8	支付赊购钢筋账款	应付账款——嘉兴建材市场	94 600.00	
				银行存款		93 181.00
				财务费用		1 419.00
	30	9	购进各种陶瓷材料一批，已验收入库，发票和结算凭证未到达	原材料——主要材料——陶瓷材料	69 000.00	
				应付账款——暂估应付款		69 000.00
	30	10	发出材料	工程施工——商务楼工程	277 800.00	
				工程施工——商品房工程	187 150.00	
				机械作业	5 600.00	
				生产成本	4 290.00	
				工程施工——间接费用	930.00	
				管理费用	610.00	
				原材料——主要材料		356 600.00
				原材料——结构材料		108 350.00
				原材料——机械配件		5 600.00
				原材料——其他材料		5 830.00

第三章 存 货

续表

2023年		凭证号数	摘　要	科目及子细目	借方金额	贷方金额
月	日					
7	1	11	冲转上月末暂估入账的陶瓷材料	原材料——主要材料——陶瓷材料 应付账款——暂估应付款	69 000.00	69 000.00
	3	12	承付陶瓷材料账款、运费和装卸费	原材料——主要材料——陶瓷材料 应交税费——应交增值税——进项税额 银行存款	70 800.00 9 132.00	79 932.00

习题三　练习原材料采用计划成本法的核算

会　计　分　录

单位：元

2023年		凭证号数	摘　要	科目及子细目	借方金额	贷方金额
月	日					
6	1	1	冲转上月末计划成本入账的石子	原材料——主要材料——硅酸盐材料 其他应付款——暂估应付款	34 500.00	34 500.00
	3	2-1	承付购进石子账款，运费及装卸费	材料采购——主要材料——硅酸盐材料 应交税费——应交增值税——进项税额 银行存款	33 600.00 4 240.00	30 510.00
		2-2	验收石子已入库	原材料——主要材料——硅酸盐材料 材料采购——主要材料——硅酸盐材料	34 500.00	34 500.00
	8	3	承付购进钢筋账款，运费及装卸费	材料采购——主要材料——金属材料 应交税费——应交增值税——进项税额 银行存款	102 200.00 13 230.00	115 430.00
	11	4	8日购入钢筋已入库	原材料——主要材料——金属材料 材料采购——主要材料——金属材料	103 680.00	103 680.00
	16	5	承付购进水泥账款，运费及装卸费	材料采购——主要材料——硅酸盐材料 应交税费——应交增值税——进项税额 银行存款	65 600.00 8 376.00	73 976.00
	18	6	16日购入水泥已入库	原材料——主要材料——硅酸盐材料 材料采购——主要材料——硅酸盐材料	66 600.00	66 600.00
	25	7	承付购进黄沙账款，运费及装卸费	材料采购——主要材料——硅酸盐材料 应交税费——应交增值税——进项税额 银行存款	19 200.00 2 400.00	21 600.00
	28	8	25日购入黄沙已入库	原材料——主要材料——硅酸盐材料 材料采购——主要材料——硅酸盐材料	19 500.00	19 500.00
	30	9	结转材料成本差异	材料采购——主要材料——硅酸盐材料 材料采购——主要材料——金属材料 材料成本差异——主要材料——硅酸盐材料 材料成本差异——主要材料——金属材料	2 200.00 1 480.00	2 200.00 1 480.00

续表

2023年		凭证号数	摘　　要	科目及子细目	借方金额	贷方金额
月	日					
	30	10	领用材料	工程施工——商务楼工程	110 200.00	
				工程施工——商品房工程	72 400.00	
				原材料——主要材料——金属材料		118 800.00
				原材料——主要材料——硅酸盐材料		63 800.00
6	30	11-1	分摊本月发出金属材料成本差异	工程施工——商务楼工程	93.60	
				工程施工——商品房工程	60.84	
				材料成本差异——主要材料——金属材料		154.44
6	30	11-2	分摊本月发出材料的材料成本差异	材料成本差异——主要材料——硅酸盐材料	1 180.30	
				工程施工——商务楼工程		706.70
				工程施工——商品房工程		473.60

金属材料成本差异率 = $\dfrac{1\ 798 - 1\ 480}{120\ 150 + 115\ 680}$ = 0.001 3

本期发出金属材料应分摊的材料成本差异 = 118 800 × 0.001 3 = 154.44（元）

硅酸盐材料成本差异率 = $\dfrac{-1\ 102 - 2\ 200}{57\ 800 + 120\ 600}$ = -0.018 5

本期发出硅酸盐材料应分摊的材料成本差异 = 63 800 × (-0.018 5) = 1 180.30（元）

原材料——主要材料明细分类账

材料类别：金属材料　　　　　　　　　　　　　　　　　　　　　　　单位：元

2023年		凭证号数	摘　　要	收　入	发　出	结　存
月	日					
6	1		期初结存			120 150.00
	11	4	购进钢筋	103 680.00		223 830.00
	30	10	领用		118 800.00	105 030.00
6	30		本期发生额及余额	103 680.00	118 800.00	105 030.00

材料类别：硅酸盐材料　　　　　　　　　　　　　　　　　　　　　　单位：元

2023年		凭证号数	摘　　要	收　入	发　出	结　存
月	日					
6	1		期初结存			57 800.00
	3	2-2	购进石子	34 500.00		92 300.00
	18	6	购进水泥	66 600.00		158 900.00
	28	8	购进黄沙	19 500.00		178 400.00
	30	10	领用		63 800.00	114 600.00
6	30		本期发生额及余额	120 600.00	63 800.00	114 600.00

材料成本差异——主要材料明细分类账

材料类别：金属材料　　　　　　　　　　　　　　　　　　　　　　　　　　单位：元

2023年		凭证号数	摘要	借方	贷方	借或贷	余额
月	日						
6	1		期初余额			借	1 798.00
	30	9	结转材料成本差异		1 480.00	借	318.56
	30	11	分摊发出材料成本差异		154.44	贷	163.56
6	30		本期发生额及余额		1 634.44	贷	163.56

材料类别：硅酸盐材料　　　　　　　　　　　　　　　　　　　　　　　　　单位：元

2023年		凭证号数	摘要	借方	贷方	借或贷	余额
月	日						
6	1		期初余额			贷	1 102.00
	30	9	结转材料成本差异		2 200.00	贷	3 302.00
	30	11	分摊发出材料成本差异	1 180.30		贷	2 121.70
6	30		本期发生额及余额	1 180.30	2 200.00	贷	2 121.70

材料采购——主要材料明细分类账

材料类别：金属材料　　　　　　　　　　　　　　　　　　　　　　　　　　单位：元

2023年		凭证号数	摘要	借方	贷方	借或贷	余额
月	日						
6	8	3	购进钢筋	102 200.00		借	102 200.00
	11	4	钢筋入库		103 680.00	贷	1 480.00
	30	9	结转材料成本差异	1 480.00		平	-0-
6	30		本期发生额及余额	115 680.00	115 680.00	平	-0-

材料类别：硅酸盐材料　　　　　　　　　　　　　　　　　　　　　　　　　单位：元

2023年		凭证号数	摘要	借方	贷方	借或贷	余额
月	日						
6	3	2-1	购进石子	33 600.00		借	33 600.00
		2-2	石子入库		34 500.00	贷	900.00
	16	5	购进水泥	65 600.00		借	64 700.00
	18	6	水泥入库		66 600.00	贷	1 900.00
	25	7	购进黄沙	19 200.00		借	17 300.00
	28	8	黄沙入库		19 500.00	贷	2 200.00
	30	9	结转材料成本差异	2 200.00		平	-0-
6	30		本期发生额及余额	117 150.00	120 600.00	平	-0-

习题四　练习委托加工材料的核算

会计分录　　　　　　　　　　　　　　　　　　　单位：元

2023年		凭证号数	摘　要	科目及子细目	借方金额	贷方金额
月	日					
4	1	1-1	发出钢锭委托加工钢筋	委托加工物资——钢筋 原材料——主要材料——金属材料	85 800.00	85 800.00
		1-2	将发出钢调整为实际成本	委托加工物资——钢筋 材料成本差异——主要材料——金属材料	858.00	858.00
	10	2	支付钢筋加工费，增值税及运费，装卸费	委托加工物资——钢筋 应交税费——应交增值税——进项税额 银行存款	5 100.00 627.00	5 727.00
	12	3	加工钢筋验收入库	原材料——主要材料——金属材料 材料成本差异——主要材料——金属材料 委托加工物资——钢筋	91 350.00 408.00	91 758.00
	18	4-1	发出钢锭委托加工钢筋	委托加工物资——钢筋 原材料——主要材料——金属材料	58 500.00	58 500.00
		4-2	将发出钢调整为实际成本	委托加工物资——钢筋 材料成本差异——主要材料——金属材料	585.00	585.00
	27	5	支付钢筋加工费，增值税及运费，装卸费	委托加工物资——钢筋 应交税费——应交增值税——进项税额 银行存款	3 800.00 470.00	4 270.00
	30	6	加工钢筋验收入库	原材料——主要材料——金属材料 委托加工物资——钢筋 材料成本差异——主要材料——金属材料	63 558.00	62 885.00 673.00

习题五　练习周转材料的核算

会计分录　　　　　　　　　　　　　　　　　　　单位：元

2023年		凭证号数	摘　要	科目及子细目	借方金额	贷方金额
月	日					
6	1	1	领用新钢管脚手架及其附件	周转材料——在用周转材料 周转材料——在库周转材料	75 000.00	75 000.00
	15	2	领用安全网一批	工程施工——商务楼工程 材料成本差异——周转材料 周转材料	297.00 3.00	300.00
	26	3-1	补提钢管脚手架摊销额	工程施工——商品楼工程 周转材料——周转材料摊销	1 145.00	1 145.00

续表

2023年		凭证号数	摘要	科目及子细目	借方金额	贷方金额
月	日					
6	26	3-2	残料入库，结转报废钢管、脚手架账面价值	原材料 周转材料——周转材料摊销 周转材料——在用周转材料	6 100.00 56 900.00	63 000.00
	30	4	计提领用新钢管脚手架及其附件摊销额	工程施工——商务楼工程 周转材料——周转材料摊销	1 125.00	1 125.00
	30	5	结转领用新钢管脚手架及其附件成本差异	工程施工——商务楼工程 材料成本差异——周围材料	600.00	600.00

习题六 练习低值易耗品的核算

会 计 分 录

单位：元

2023年		凭证号数	摘要	科目及子细目	借方金额	贷方金额
月	日					
3	2	1-1	购进工作服	在途物资——新光服装厂 应交税费——应交增值税——进项税费 银行存款	36 000.00 4 680.00	40 680.00
		1-2	工作服已验收入库	低值易耗品——在库低值易耗品 在途物资——新光服装厂	36 000.00	36 000.00
	6	2-1	购进文件柜	在途物资——文华家具厂 应交税费——应交增值税——进项税费 银行存款	3 300.00 425.00	3 725.00
		2-2	文件柜已验收入库	低值易耗品——在库低值易耗品 在途物资——文华家具厂	3 300.00	3 300.00
	10	3-1	领用2日购进的工作服	低值易耗品——在用低值易耗品 低值易耗品——在库低值易耗品	21 600.00	21 600.00
		3-2	采用五五摊销法摊销	工程施工——商品房工程 低值易耗品——低值易耗品摊销	10 800.00	10 800.00
	12	4-1	领用16日购进的文件柜	低值易耗品——在用低值易耗品 低值易耗品——在库低值易耗品	3 300.00	3 300.00
		4-2	采用五五摊销法摊销	管理费用 低值易耗品——低值易耗品摊销	1 650.00	1 650.00
	18	5-1	领用手推车，千斤顶和工作服	低值易耗品——在用低值易耗品 低值易耗品——在库低值易耗品	1 260.00	1 260.00
		5-2	采用五五摊销法摊销	工程施工——商务楼工程 机械作业 生产成本 低值易耗品——低值易耗品摊销	330.00 180.00 120.00	630.00

续表

2023年		凭证号数	摘要	科目及子细目	借方金额	贷方金额
月	日					
3	20	6	领用铁镐，安全帽	工程施工——商务楼工程	250.00	
				工程施工——间接费用	60.00	
				低值易耗品——在库低值易耗品		310.00
	25	7	支付手推车，打印机修理费	工程施工——商品房工程	80.00	
				管理费用	120.00	
				应交税费——应交增值税——进项税额	26.00	
				库存现金		226.00
	26	8	报废文件柜，残料已验收入库	低值易耗品——低值易耗品摊销	1 200.00	
				原材料	80.00	
				管理费用	1 120.00	
				低值易耗品——在用低值易耗品		2 400.00
	30	9-1	报废手推车，残料已验收入库	低值易耗品——低值易耗品摊销	160.00	
				原材料	25.00	
				工程施工——商品房工程	135.00	
				低值易耗品——在用低值易耗品		320.00
		9-2	报废铁镐，残料出售收入现金	库存现金	8.00	
				工程施工——商品房工程		8.00

习题七 练习存货清查盘点和期末计量的核算

会 计 分 录

单位：元

2023年		凭证号数	摘要	科目及子细目	借方金额	贷方金额
月	日					
6	22	1-1	盘盈瓷水斗	原材料——主要材料——陶瓷材料	110.00	
				待处理财产损溢		110.00
		1-2	盘亏木材	待处理财产损溢	960.00	
				原材料——主要材料——木材		960.00
	26	2	转销盘盈的瓷水斗	待处理财产损溢	110.00	
				营业外收入——盘盈利得		110.00
	27	3	盘亏的木材75%予以核销，25%责成保管员赔偿	营业外支出——盘亏损失	720.00	
				其他应收款——保管员	240.00	
				待处理财产损溢		960.00
	30	4	计提存货跌价准备	资产减值损失——存货减值损失	8 040.00	
				存货跌价准备		8 040.00
8	31	5	计提减值的钢筋上涨，予以转账	存货跌价准备	8 040.00	
				资产减值损失——存货减值损失		8 040.00

第四章　应收及预付款项

一、简答题（略）

二、名词解释题（略）

三、是非题

1. ×　2. √　3. ×　4. ×　5. √　6. √

四、单项选择题

1. D　2. B

五、多项选择题

1. ABD　　2. ABC　　3. ABC

六、实务题

习题一　练习应收账款的核算

会　计　分　录　　　　　　　　　　　　　　　　　单位：元

2023年		凭证号数	摘　要	科目及子细目	借方金额	贷方金额
月	日					
3	3	1	建造职工宿舍已竣工，结算应收工程款	应收账款——应收工程款——长宁公司 　主营业务收入 　应交税费——应交增值税——销项税额	196 200.00	180 000.00 16 200.00
	6	2	建造办公楼已竣工，结算应收工程款	应收账款——应收工程款——华声公司 　主营业务收入 　应交税费——应交增值税——销项税额	163 500.00	150 000.00 13 500.00
	10	3	建造商场已竣工，结算应收工程款	应收账款——应收工程款——光明商厦 　主营业务收入 　应交税费——应交增值税——销项税额	239 800.00	220 000.00 19 800.00
	16	4	收到6日赊账工程款	银行存款 财务费用 　应收账款——应收工程款——华声公司	160 500.00 3 000.00	163 500.00
	23	5	收到3日赊账工程款	银行存款 财务费用 　应收账款——应收工程款——长宁公司	194 400.00 1 800.00	196 200.00

续表

2023年		凭证号数	摘 要	科目及子细目	借方金额	贷方金额
月	日					
	31	6	收到10日赊账工程款	银行存款	229 800.00	
				应收账款——应收工程款——光明商厦		229 800.00

习题二 练习预付账款和其他应收款的核算

会 计 分 录   单位：元

2023年		凭证号数	摘 要	科目及子细目	借方金额	贷方金额
月	日					
4	1	1	预付分包工程款及备料款	预付账款——南道建筑公司	105 000.00	
				银行存款		105 000.00
	5	2	预付订购模具账款的40%	预付账款——车平模具厂	16 848.00	
				银行存款		16 848.00
5	5	3	支付模具其余60%账款结转其采购成本	周转材料——在库周转材料	42 120.00	
				预付账款——车平模具厂		16 848.00
				银行存款		25 272.00
	28	4	分包工程已竣工，支付其余账款	主营业务成本	280 000.00	
				预付账款——南道建筑公司		105 000.00
				银行存款		175 000.00
6	26	5	预支差旅费	其他应收款——周明	1 600.00	
				库存现金		1 600.00
	30	6	撤销差旅费	管理费用	1 550.00	
				库存现金	50.00	
				其他应收款——周明		1 600.00

习题三 练习坏账损失的核算

（一）用余额百分比法编制会计分录。

会 计 分 录   单位：元

2023年		凭证号数	摘 要	科目及子细目	借方金额	贷方金额
月	日					
11	15	1	华庆公司前欠工程尾款无法收回，作坏账损失	坏账准备——应收账款	6 000.00	
				应收账款——应收工程款——华庆公司		6 000.00
	30	2	计提本月坏账准备	信用减值损失——坏账损失	6 164.00	
				坏账准备——应收账款		6 060.00
				坏账准备——预付账款		79.00
				坏账准备——其他应收款		25.00

第四章　应收及预付款项

续表

2023年		凭证号数	摘要	科目及子细目	借方金额	贷方金额
月	日					
12	20	3	预付昌明公司定金无法收回，作坏账损失	坏账准备——预付账款 　预付账款——昌明公司	6 000.00	6 000.00
	31	4	计提本月坏账准备	信用减值损失——坏账损失 坏账准备——其他应收款 　坏账准备——应收账款 　坏账准备——预付账款	6 125.00 15.00	170.00 5 970.00

（二）用直接转销法编制会计分录。

会　计　分　录　　　　　　　　　　　　单位：元

2023年		凭证号数	摘要	科目及子细目	借方金额	贷方金额
月	日					
11	15	1	华庆公司前欠工程尾款无法收回，作坏账损失	信用减值损失——坏账损失 　应收账款——应收工程款——华庆公司	6 000.00	6 000.00
		3	预付昌明公司定金无法收回，作坏账损失	信用减值损失——坏账损失 　预付账款——昌明公司	6 000.00	6 000.00

（三）用账龄分析法编制会计分录。

会　计　分　录　　　　　　　　　　　　单位：元

2023年		凭证号数	摘要	科目及子细目	借方金额	贷方金额
月	日					
11	30	1	计提本月坏账准备	信用减值损失——坏账损失 　坏账准备——应收账款	27 723.00	27 723.00
12	31	2	计提本月坏账准备	坏账准备——应收账款 　信用减值损失——坏账损失	22 032.00	22 032.00

第五章　固定资产、临时设施、无形资产和长期待摊费用

一、简答题（略）

二、名词解释题（略）

三、是非题

1. ×　2. √　3. √　4. ×　5. ×　6. √　7. √　8. ×　9. ×　10. √　11. ×　12. √

四、单项选择题

1. D　2. B　3. D　4. C　5. B

五、多项选择题

1. AD　2. ABCD　3. BC　4. ACD　5. AC　6. ACD　7. ABCD　8. BD　9. ABD

六、实务题

习题一　练习固定资产取得的核算

会计分录

单位：元

2023年		凭证号数	摘　要	科目及子细目	借方金额	贷方金额
月	日					
6	5	1	购进掘土机1台	固定资产——生产经营用固定资产 应交税费——应交增值税——进项税额 银行存款	135 400.00 17 586.00	 152 986.00
	11	2	购进车床1台，验收入库	工程物资 应交税费——应交增值税——进项税额 银行存款	110 700.00 1 493.00	 112 193.00
	15	3	领取车床进行安装	在建工程——安装车床 　工程物资	110 700.00	 110 700.00
	16	4	领用车床安装材料	在建工程——安装车床 　原材料	750.00	 750.00
	20	5	接受卢湾公司投入掘土机、打桩机	固定资产——生产经营用固定资产 　实收资本	500 000.00	 500 000.00

续表

2023年		凭证号数	摘要	科目及子细目	借方金额	贷方金额
月	日					
	25	6	分配车床安装人员薪酬	在建工程——安装车床 应付职工薪酬	2 200.00	2 200.00
	26	7	车床安装完毕，验收使用	固定资产——生产经营用固定资产 在建工程——安装车床	114 970.00	114 970.00
	30	8	收到泰达公司捐赠搅拌机1台	固定资产——生产经营用固定资产 应交税费——应交增值税——进项税额 营业外收入 银行存款	8 300.00 27.00	8 000.00 327.00

习题二 练习固定资产折旧的核算

（一）用年限平均法计算各项固定资产的折旧额，编制固定资产折旧计算表和会计分录。

固定资产折旧计算表   金额单位：元

固定资产名称	计量单位	数量	原始价值	预计使用寿命/年	预计净残值率/%	月折旧额	使用部门
塔吊	台	1	180 000.00	10	4	1 440.00	机械作业
挖掘机	台	3	420 000.00	8	4	4 200.00	机械作业
推土机	台	2	300 000.00	8	4	3 000.00	机械作业
搅拌机	台	4	36 000.00	6	4	480.00	机械作业
车床	台	1	120 000.00	8	4	1 200.00	辅助生产
办公楼	幢	1	1 050 000.00	40	4	2 100.00	行政管理
小汽车	辆	1	150 000.00	6	4	2 000.00	行政管理
合计			2 256 000.00			14 420.00	

会计分录   单位：元

2023年		凭证号数	摘要	科目及子细目	借方金额	贷方金额
月	日					
5	20	1	购入复印机1台，验收使用	固定资产——生产经营用固定资产 应交税费——应交增值税——进项税额 银行存款	15 000.00 1 950.00	16 950.00
	31	2	计提本月固定资产折旧	机械作业 生产成本 管理费用 累计折旧	9 120.00 1 200.00 4 100.00	14 420.00

续表

2023年		凭证号数	摘要	科目及子细目	借方金额	贷方金额
月	日					
6	30	3	计提本月固定资产折旧	机械作业	9 120.00	
				生产成本	1 200.00	
				管理费用	4 400.00	
				累计折旧		14 720.00

（二 A）用双倍余额递减法计算固定资产折旧。

1. 挖掘机 3 台：原始价值 420 000 元，预计使用 8 年，预计净残值率为 4%。

双倍直线折旧率 $= \dfrac{2}{8} \times 100\% = 25\%$

双倍全额递减法折旧计算表　　　　　　　　　　　　单位：元

年次	年初固定资产净值	双倍直线折旧率/%	折旧额	累计折旧额	年末固定资产净值
1	420 000.00	25	105 000.00	105 000.00	315 000.00
2	315 000.00	25	78 750.00	183 750.00	236 250.00
3	236 250.00	25	59 062.50	242 812.50	177 187.50
4	177 187.50	25	44 296.88	287 109.38	132 890.62
5	132 890.62	25	33 222.66	320 332.04	99 667.96
6	99 667.96	——	27 622.65	347 954.69	72 045.31
7	72 045.31	——	27 622.65	375 577.34	44 422.66
8	44 422.66	——	27 622.66	403 200.00	16 800.00

说明：第 6、第 7 年折旧额 =（99 667.96-16 800.00）/3 = 27 622.65（元）

第 8 年折旧额 = 99 667.96-27 622.65×2-16 800.00 = 27 622.66（元）

2. 复印机 1 台：原始价值 17 550 元，预计使用 4 年，预计净残值率为 4%。

双倍直线折旧率 $= \dfrac{2}{4} \times 100\% = 50\%$

双倍余额递减法折旧计算表　　　　　　　　　　　　单位：元

年次	年初固定资产净值	双倍直线折旧率/%	折旧额	累计折旧额	年末固定资产净值
1	15 000.00	50	7 500.00	7 500.00	7 500.00
2	7 500.00	50	3 750.00	11 250.00	3 750.00
3	3 750.00	——	1 575.00	12 825.00	2 175.00
4	2 175.00	——	1 575.00	14 400.00	600.00

说明：第 3、第 4 年折旧额 =（3 750-600）/2 = 1 575（元）

(二 B) 用年数总和法计算固定资产折旧。

1. 挖掘机 3 台：原始价值 420 000 元，预计使用 8 年。预计净残值率为 4%。

年数总和法折旧计算表　　　　　　　　　　　　单位：元

年次	原始价值减预计净残值	尚可使用年数/年	折旧率	折旧额	累计折旧
1	403 200.00	8	8/36	89 600.00	89 600.00
2	403 200.00	7	7/36	78 400.00	168 000.00
3	403 200.00	6	6/36	67 200.00	235 200.00
4	403 200.00	5	5/36	56 000.00	291 200.00
5	403 200.00	4	4/36	44 800.00	336 000.00
6	403 200.00	3	3/36	33 600.00	369 600.00
7	403 200.00	2	2/36	22 400.00	392 000.00
8	403 200.00	1	1/36	11 200.00	403 200.00

2. 复印机 1 台：原始价值 15 000 元，预计使用 4 年，预计净残值率为 4%。

年数总和法折旧计算表　　　　　　　　　　　　单位：元

年次	原始价值减预计净残值	尚可使用年数/年	折旧率	折旧额	累计折旧
1	14 400.00	4	4/10	5 760.00	5 760.00
2	14 400.00	3	3/10	4 320.00	10 080.00
3	14 400.00	2	2/10	2 880.00	12 960.00
4	14 400.00	1	1/10	1 440.00	14 400.00

习题三　练习固定资产折旧和后续支出的核算

会　计　分　录　　　　　　　　　　　　　　　单位：元

2023年月	2023年日	凭证号数	摘要	科目及子细目	借方金额	贷方金额
3	18	1	将 1 辆起重机委托进行改造	在建工程——改造起重机 累计折旧 固定资产减值准备 　固定资产	59 000.00 30 000.00 1 000.00	90 000.00
	20	2	支付改造起重机账款	在建工程——改造起重机 应交税费——应交增值税——进项税额 　银行存款	35 000.00 4 550.00	39 550.00
	25	3	起重机改造完毕，验收使用	固定资产——生产经营用固定资产 　在建工程——改造起重机	94 000.00	94 000.00

续表

2023年		凭证号数	摘要	科目及子细目	借方金额	贷方金额
月	日					
3	31	4	按分类折旧率计提本月固定资产折旧	机械作业 工程施工——间接费用 生产成本 管理费用 累计折旧	13 500.00 800.00 1 920.00 4 380.00	20 600.00
4	10	5	支付小汽车大修理费用	管理费用 工程施工——间接费用 应交税费——应交增值税——进项税额 银行存款	19 800.00 17 200.00 4 810.00	41 810.00
	20	6	支付塔吊大修理费用	机械作业 应交税费——应交增值税——进项税额 银行存款	21 600.00 2 808.00	24 408.00
	30	7	按分类折旧率计提本月固定资产折旧	机械作业 工程施工——间接费用 生产成本 管理费用 累计折旧	13 540.00 800.00 1 920.00 4 380.00	20 640.00

习题四 练习固定资产处置、清查和减值的核算

会 计 分 录

单位：元

2023年		凭证号数	摘要	科目及子细目	借方金额	贷方金额
月	日					
12	2	1	挖掘机1台，经批准准备出售转账	固定资产清理——出售挖掘机 累计折旧 固定资产减值准备 固定资产	73 000.00 75 000.00 2 000.00	150 000.00
	5	2	出售挖掘机收入	银行存款 固定资产清理——出售挖掘机 应交税费——应交增值税——销项税额	79 100.00	70 000.00 9 100.00
	6	3	出售挖掘机净损失转账	资产处置损益 固定资产清理——出售挖掘机	3 000.00	3 000.00
	10	4	经批准报废清理办公楼1幢转账	固定资产清理——清理办公楼 累计折旧 固定资产减值准备 固定资产	25 600.00 806 400.00 8 000.00	840 000.00

第五章　固定资产、临时设施、无形资产和长期待摊费用

续表

2023年		凭证号数	摘要	科目及子细目	借方金额	贷方金额
月	日					
	15	5	支付办公楼清理费用	固定资产清理——清理办公楼 　银行存款	5 500.00	5 500.00
	20	6	清理办公楼残料收入	银行存款 　固定资产清理——清理办公楼 　应交税费——应交增值税——销项税额	35 256.00	31 200.00 4 056.00
	22	7	清理办公楼完毕转账	固定资产清理——清理办公楼 　资产处置损益	100.00	100.00
12	26	8-1	转销投资转出房屋的账面价值	固定资产清理——房屋对外投资 累计折旧 固定资产减值准备 　固定资产——生产经营用固定资产	747 000.00 324 000.00 9 000.00	1 080 000.00
	26	8-2	房屋按投资合同约定的价值转账	长期股权投资 　固定资产清理——房屋对外投资 　资产处置损益	748 000.00	747 000.00 1 000.00
	29	9	盘亏搅拌机1台	待处理财产损溢 累计折旧 固定资产减值准备 　固定资产——生产经营用固定资产	2 500.00 6 000.00 500.00	9 000.00
	30	10	盘亏搅拌机核销转账	资产处置损益 　待处理财产损溢	2 500.00	2 500.00
	31	11	计算机市价下跌，计提其减值准备	资产减值损失——固定资产减值损失 　固定资产减值准备	1 500.00	1 500.00

习题五　练习临时设施的核算

会　计　分　录

单位：元

2022年		凭证号数	摘要	科目及子细目	借方金额	贷方金额
月	日					
1	2	1	购置简易房屋，已验收使用	临时设施——办公室 应交税费——应交增值税——进项税额 　银行存款	196 000.00 17 640.00	213 640.00
	3	2	领用材料自行搭建仓库、职工宿舍和工地收发室	在建工程——搭建临时仓库 在建工程——搭建临时职工宿舍 在建工程——搭建工地收发室 　原材料	125 000.00 160 000.00 32 000.00	317 000.00

续表

2022年		凭证号数	摘要	科目及子细目	借方金额	贷方金额
月	日					
1	31	3	分配搭建仓库、职工宿舍和工地收发室应负担的职工薪酬	在建工程——搭建临时仓库 在建工程——搭建临时职工宿舍 在建工程——搭建工地收发室 　　应付职工薪酬	12 600.00 15 500.00 2 500.00	 30 600.00
	31	4	搭建仓库、职工宿舍和工地收发室已竣工，验收使用	临时设施——临时仓库 临时设施——临时职工宿舍 临时设施——工地收发室 　　临时设施——搭建临时仓库 　　在建工程——搭建临时职工宿舍 　　在建工程——搭建工地收发室	137 600.00 175 500.00 34 500.00	 137 600.00 175 500.00 34 500.00
2	28	5	计提购置简易房屋本月摊销额	工程施工——间接费用 　　临时设施摊销——办公室	2 940.00	 2 940.00
	28	6	计提临时仓库，职工宿舍和工地收发室本月摊销额	工程施工——间接费用 　　临时设施摊销——临时仓库 　　临时设施摊销——临时职工宿舍 　　临时设施摊销——工地收发室	9 900.50	 4 128.00 4 680.00 1 092.50
2022年 7	31	7	今批准将各相关临时设施进行清理转账	临时设施清理——办公室 临时设施清理——仓库 临时设施清理——职工宿舍 临时设施清理——工地收发室 临时设施摊销——办公室 临时设施摊销——仓库 临时设施摊销——职工宿舍 临时设施摊销——工地收发室 　　临时设施——办公室 　　临时设施——仓库 　　临时设施——职工宿舍 　　临时设施——工地收发室	107 800.00 13 760.00 35 100.00 1 725.00 88 200.00 123 840.00 140 400.00 32 775.00	 196 000.00 137 600.00 175 500.00 34 500.00
8	6	8	出售简易房屋收入	银行存款 　　临时设施清理——办公室 　　应交税费——应交增值税——销项税额	119 900.00	 110 000.00 9 900.00
	8	9	简易房屋清理完毕转账	临时设施清理——办公室 　　资产处置损益	2 200.00	 2 200.00
	10	10	分配拆除临时仓库、职工宿舍和工地收发室人员的职工薪酬	临时设施清理——仓库 临时设施清理——职工宿舍 临时设施清理——工地收发室 　　应付职工薪酬	4 500.00 4 750.00 900.00	 10 150.00

2022年		凭证号数	摘要	科目及子细目	借方金额	贷方金额
月	日					
7	11	11	拆除临时仓库，职工宿舍和工地收发室的残料已验收入库	原材料 　临时设施清理——仓库 　临时设施清理——职工宿舍 　临时设施清理——工地收发室	59 920.00	18 500.00 38 920.00 2 500.00
7	12	12-1	临时仓库清理完毕转账	临时设施清理——仓库 　资产处置损益	240.00	240.00
		12-2	临时职工宿舍、工地收发室已清理完毕转账	资产处置损益 　临时设施清理——职工宿舍 　临时设施清理——工地收发室	1 055.00	930.00 125.00

习题六 练习无形资产和长期待摊费用的核算

会 计 分 录

单位：元

2023年		凭证号数	摘要	科目及子细目	借方金额	贷方金额
月	日					
4	30	1	自行研发施工新技术，分配在研究阶段工资及计提职工福利费	研发支出——费用化支出 　应付职工薪酬——工资 　应付职工薪酬——职工福利	8 550.00	7 500.00 1 050.00
	30	2	结转研发支出	管理费用 　研发支出——费用化支出	8 550.00	8 550.00
5	2	3	施工新技术进入开发阶段，领用原材料	研发支出——资本化支出 　原材料	81 500.00	81 500.00
	30	4	分配开发阶段工资及计提职工福利费	研发支出——资本化支出 　应付职工薪酬——工资 　应付职工薪酬——职工福利	25 080.00	22 000.00 3 080.00
	31	5	施工新技术项目开发成功，结转其开发成本	无形资产——非专利技术 　研发支出——资本化支出	106 580.00	106 580.00
	31	6	支付取得土地使用权的费用	无形资产——土地使用权 应交税费——应交增值税——进项税额 　银行存款	898 000.00 80 280.00	978 280.00
6	15	7	华夏建筑公司以专利权投资	无形资产——专利权 　实收资本	120 000.00	120 000.00
	30	8	摊销本月负担的非专利技术、土地使用权和专利权费用	管理费用——无形资产摊销 　累计摊销	4 854.65	4 854.65

续表

2023年		凭证号数	摘要	科目及子细目	借方金额	贷方金额
月	日					
7	10	9	将土地权使用权出售给南海公司	银行存款	675 800.00	
				累计摊销	180 000.00	
				应交税费——应交增值税——销项税额		55 800.00
				无形资产——土地使用权		720 000.00
				资产处置损益		80 000.00
7	15	10	将非专利技术向嘉兴建筑公司投资	长期股权投资	110 000.00	
				累计摊销	27 200.00	
				无形资产		136 000.00
				资产处置损益		1 200.00
	30	11	专利权盈利能力大幅度下降计提其减值准备	资产减值损失——无形资产减值损失	5 000.00	
				无形资产减值准备		5 000.00
	31	12	支付租入的挖掘机改良费用	长期待摊费用——租入固定资产改良支出	12 000.00	
				应交税费——应交增值税——进项税额	1 560.00	
				银行存款		13 560.00
8	31	13	摊销本月负担的挖掘机的改良支出	工程施工	333.33	
				长期待摊费用——租入固定资产改良支出		333.33

第六章 金融资产

一、简答题（略）

二、名词解释题（略）

三、是非题

    1. ×　2. √　3. ×　4. ×　5. √　6. ×

四、单项选择题

    1. C　2. B　3. B　4. B　5. D

五、多项选择题

    1. ABD　2. BCD　3. BCD　4. AB

六、实务题

习题一　练习交易性金融资产的核算

会　计　分　录　　　　　　　　　　　　　　单位：元

2022年		凭证号数	摘要	科目及子细目	借方金额	贷方金额
月	日					
11	8	1	购进新海公司股票 10 000 股	交易性金融资产——成本——新海公司股票 投资收益 　　银行存款	90 000.00 270.00	 90 270.00
	12	2	购进东亚公司股票 20 000 股	交易性金融资产——成本——东亚公司股票 应收股利——东亚公司 投资收益 　　银行存款	155 000.00 5 000.00 480.00	 160 480.00
	18	3	收到东亚公司现金股利	银行存款 　　应收股利——东亚公司	5 000.00	 5 000.00

续表

2022年		凭证号数	摘要	科目及子细目	借方金额	贷方金额
月	日					
11	30	4	购进天明公司债券160张	交易性金融资产——成本——天明公司债券 投资收益 　　银行存款	160 000.00 160.00	 160 160.00
	30	5	购进中海公司债券100张	交易性金融资产——成本——中海公司债券 投资收益 　　银行存款	102 000.00 102.00	 102 102.00
	30	6-1	新海公司股票期末按公允价值调整交易性金融资产的价值	公允价值变动损益——交易性金融资产 　　交易性金融资产——公允价值变动——新海公司股票	1 000.00	 1 000.00
	30	6-2	东亚公司股票期末按公允价值调整交易性金融资产的价值	交易性金融资产——公允价值变动——东亚公司股票 　　公允价值变动损益——交易性金融资产	7 000.00	 7 000.00
	30	7	结转本年利润	公允价值变动损益——交易性金融资产 　　本年利润	6 000.00	 6 000.00
12	10	8	出售新海公司股票10 000股	银行存款 交易性金融资产——公允价值变动——新海公司股票 　　交易性金融资产——成本——新海公司股票 　　投资收益	90 636.00 1 000.00	 90 000.00 1 636.00
	20	9	出售东亚公司股票20 000股	银行存款 　　交易性金融资产——成本——东亚公司股票 　　交易性金融资产——公允价值变动——东亚公司股票 　　投资收益	164 340.00	 155 000.00 7 000.00 2 340.00
	29	10	出售天明公司债券160张	银行存款 　　交易性金融资产——成本——天明公司债券 　　投资收益	160 639.20	 160 000.00 639.20
	31	11	中海公司债券期末按公允价值调整交易性金融资产的价值	交易性金融资产——公允价值变动——中海公司债券 　　公允价值变动损益——交易性金融资产	600.00	 600.00
	31	12	结转本年利润	公允价值变动损益——交易性金融资产 　　本年利润	600.00	 600.00

习题二 练习债权投资的核算

（一）编制会计分录（用直线法摊销利息调整额）。

会 计 分 录　　　　　　　　　　　　　　　　　单位：元

2022年		凭证号数	摘　　要	科目及子细目	借方金额	贷方金额
月	日					
3	31	1	购进黄河公司债券	债权投资——成本——黄河公司债券	150 000.00	
				银行存款		150 000.00
	31	2	溢价购进华光公司债券	债权投资——成本——华光公司债券	100 000.00	
				债权投资——利息调整——华光公司债券	3 309.00	
				银行存款		103 309.00
	31	3	折价购进新丰公司债券	债权投资——成本——新丰公司债券	120 000.00	
				债权投资——利息调整——新丰公司债券		2 144.40
				银行存款		117 855.60
4	30	4-1	本月份应收黄河公司债券利息入账	应收利息——黄河公司	1 000.00	
				投资收益		1 000.00
		4-2	本月份应收华光公司债券利息入账	应收利息——华光公司	750.00	
				债权投资——利息调整——华光公司债券		68.94
				投资收益		681.06
		4-3	本月份应收新丰公司债券利息入账	应收利息——新丰公司	700.00	
				债权投资——利息调整——新丰公司债券	89.35	
				投资收益		789.35
5	31	5	应收黄河公司债券利息入账，并将其重分类为其他债权投资	应收利息——黄河公司债券	1 000.00	
				其他债权投资——成本——黄河公司债券	150 000.00	
				其他债权投资——公允价值变动——黄河公司债券	648.20	
				债券投资——成本——黄河公司债券		150 000.00
				其他综合收益——其他债权投资公允价值变动		648.20
				投资收益		1 000.00
5	31	6	黄河公司债券重分类为交易性金融资产	交易性金融资产——成本——黄河公司债券	151 648.20	
				债权投资——成本		150 000.00
				应收利息		1 000.00
				公允价值变动损益		648.20
2023年		1	收到华光公司债券一年期利息	银行存款	9 000.00	
3	31			应收利息——华光公司		8 250.00
				债权投资——利息调整——华光公司债券		68.94
				投资收益		681.06

续表

2023年		凭证号数	摘要	科目及子细目	借方金额	贷方金额
月	日					
3	31	2	收到新丰公司债券一年期利息	银行存款	8 400.00	
				债权投资——利息调整——新丰公司债券	89.35	
				应收利息——新丰公司		7 700.00
				投资收益		789.35
4	15	3	出售新丰公司债券，净收入存入银行	银行存款	119 640.24	
				债权投资——利息调整——新丰公司债券	1 072.20	
				债权投资——成本——新丰公司债券		120 117.86
				投资收益		594.58
6	30	4	华光公司债券计提减值准备	信用减值损失——债权投资减值损失	380.35	
				债权投资减值准备——华光公司债券		380.35
7	10	5	出售华光公司债券，净收入存入银行	银行存款	101 898.00	
				债权投资减值准备——华光公司债券	380.35	
				投资收益	99.90	
				债权投资——成本——华光公司债券		100 103.31
				债权投资——利息调整——华光公司债券		2 274.94

（二）用实际利率法计算各年应摊销的利息调整额。

华光公司实际利率法利息调整计算表（借方余额） 单位：元

付息期数	应计利息收入	实际利息收入	本期利息调整	利息调整借方余额	债券账面价值（不含交易费用）
(1)	(2) = 面值×票面利率	(3) = 上期 (6) ×实际利率	(4) = (2) - (3)	(5) = 上期利息调整余额 - (4)	(6) = 面值 + (5)
购进时				3 309.00	103 309.00
1	9 000.00	8 264.72	735.28	2 573.72	102 573.72
2	9 000.00	8 205.90	794.10	1 779.62	101 779.62
3	9 000.00	8 142.37	857.63	921.99	100 921.99
4	9 000.00	8 078.01	921.99	0	100 000.00

新丰公司实际利率法利息调整计算表（贷方余额） 单位：元

付息期数	应计利息收入	实际利息收入	本期利息调整	利息调整借方余额	债券账面价值（不含交易费用）
(1)	(2) = 面值×票面利率	(3) = 上期 (6) ×实际利率	(4) = (2) - (3)	(5) = 上期利息调整余额 - (4)	(6) = 面值 - (5)
购进时				2 144.40	117 855.60
1	8 400.00	9 428.45	1 028.45	1 115.95	118 884.05

第六章 金融资产

续表

付息期数	应计利息收入	实际利息收入	本期利息调整	利息调整借方余额	债券账面价值（不含交易费用）
(1)	(2) = 面值×票面利率	(3) = 上期 (6) × 实际利率	(4) = (2) - (3)	(5) = 上期利息调整余额 - (4)	(6) = 面值 - (5)
2	8 400.00	9 515.95	1 115.95	0	120 000.00

（三）根据实际利率法计算的结果，编制第一个月计提利息和摊销利息调整额的会计分录。

会 计 分 录　　　　　　　　　　　　　　　　单位：元

2023年		凭证号数	摘要	科目及子细目	借方余额	贷方金额
月	日					
4	30	(4-1)	本月份应收华光公司债券利息入账	应收利息——华光公司 债权投资——利息调整——华光公司债券 投资收益	750.00	61.27 688.73
		(4-2)	本月份应收新丰公司债券利息入账	应收利息——新丰公司 债权投资——利息调整——新丰公司债券 投资收益	700.00 85.70	785.70

习题三　练习其他债权投资的核算

会 计 分 录　　　　　　　　　　　　　　　　单位：元

2021年		凭证号数	摘要	科目及子细目	借方金额	贷方金额
月	日					
12	31	1	购进天海公司债券	其他债权投资——成本——天海公司 其他债权投资——利息调整——天海公司 银行存款	600 000.00 19 200.00	619 200.00
2022年		2	计提天海公司债券本年度利息	应收利息——天海公司 投资收益 其他债权投资——利息调整	48 000.00	40 730.40 7 269.60
12	31					
12	31	3	按公允价值调整天海公司债券账面价值	其他债权投资——公允价值变动——天海公司 其他综合收益——其他债权投资公允价值变动——天海公司	356.70	356.70
12	31	4	计提恒中公司债券减值准备	信用减值损失 其他综合收益——信用减值准备——恒中公司	5 189.28	5 189.28

续表

2023年		凭证号数	摘要	科目及子细目	借方金额	贷方金额
月	日					
1	2	5	将天海公司270张债券重分类为以摊余成本计量	债权投资——成本——天海公司 债权投资——利息调整——天海公司 其他综合收益——其他债权投资公允价值变动——天海公司 其他债权投资——成本——天海公司 其他债权投资——利息调整——天海公司 其他债权投资——公允价值变动——天海公司	270 000.00 5 368.68 160.60	 270 000.00 5 368.68 160.60
1	2	6-1	将天海公司240张债券重分类为以公允价值计量	交易性金融资产 其他债权投资——成本——天海公司 其他债权投资——利息调整——天海公司 其他债权投资——公允价值变动——天海公司	244 914.92	240 000.00 4 772.16 142.76
		6-2	结转其他综合收益	其他综合收益——其他债权投资公允价值变动 公允价值变动损益	160.60	160.60
	5	7	出售天海公司债券90张	银行存款 投资收益 其他债权投资——成本——天海公司 其他债权投资——利息调整——天海公司 其他债权投资——公允价值变动——天海公司	91 796.31 46.79	90 000.00 1 789.56 53.54
3	5	8	出售恒中公司债券180张	银行存款 其他综合收益——信用减值准备——恒中公司 其他债权投资——成本 其他债权投资——应计利息 其他债权投资——利息调整 其他债权投资——公允价值变动 投资收益	179 730.09 5 189.28	180 000.00 3 600.00 540.00 150.00 629.37

习题四 练习其他权益工具投资的核算

会 计 分 录

单位：元

2022年		凭证号数	摘要	科目及子细目	借方金额	贷方金额
月	日					
9	16	1	购进中兴公司股票	其他权益工具投资——成本——中兴公司 银行存款	297 891.00	297 891.00
10	12	2	购进安泰公司股票	其他权益工具投资——成本——安泰公司 应收股利——安泰公司 银行存款	299 900.00 1 000.00	300 900.00

续表

2022年		凭证号数	摘要	科目及子细目	借方金额	贷方金额
月	日					
12	31	3-1	调整中兴公司股票账面价值	其他权益工具投资——公允价值变动——中兴公司	21 227.40	
				其他综合收益——其他权益工具投资公允价值变动		21 227.40
		3-2	调整安泰公司股票账面价值	其他综合收益——其他权益工具投资公允价值变动	9 068.00	
				其他收益工具投资——公允价值变动——中泰公司		9 068.00
2023年		4-1	出售中兴公司股票	银行存款	315 532.80	
2	5			盈余公积	358.56	
				利润分配——未分配利润	3227.04	
				其他权益工具投资——成本——中兴公司		297 891.00
				其他权益工具投资——公允价值变动——中兴公司		21 227.40
		4-2	结转中兴公司股票的其他综合收益	其他综合收益——其他权益工具投资公允价值变动	21 227.40	
				盈余公积		2 122.74
				利润分配——未分配利润		19 104.66
3	15	5-1	出售安泰公司股票	银行存款	320 712.00	
				其他权益工具投资——公允价值变动——安泰公司	9 068.00	
				其他权益工具投资——成本——安泰公司		299 900.00
				盈余公积		2 988.00
				利润分配——未分配利润		26 892.00
		5-2	结转安泰公司股票的其他综合收益	盈余公积	906.80	
				利润分配——未分配利润	8 161.20	
				其他综合收益——其他权益工具投资公允价值变动		9 068.00

第七章　长期股权投资和投资性房地产

一、简答题（略）

二、名词解释题（略）

三、是非题

1. √　2. ×　3. ×　4. ×　5. √　6. √　7. ×

四、单项选择题

1. A　2. C　3. D

五、多项选择题

1. BCD　2. ABD　3. ABD

六、实务题

习题一　练习长期股权投资初始成本的核算

会计分录

单位：元

2023年		凭证号数	摘要	科目及子细目	借方金额	贷方金额
月	日					
1	8	1-1	转销固定资产账面价值	固定资产清理	1 350 000.00	
				累计折旧	150 000.00	
				固定资产		1 500 000.00
		1-2	确认长期股权投资成本	长期股权投资——投资成本	2 750 000.00	
				资本公积	78 000.00	
				盈余公积	52 000.00	
				固定资产清理		1 350 000.00
				银行存款		1 530 000.00
3	22	2-1	转销固定资产账面价值	固定资产清理	918 000.00	
				累计折旧	102 000.00	
				固定资产		1 020 000.00

续表

2023年		凭证号数	摘要	科目及子细目	借方金额	贷方金额
月	日					
3	22	2-2	确认长期股权投资成本	长期股权投资——投资成本 固定资产清理 银行存款 资产处置损益	1 971 000.00	918 000.00 1 038 000.00 15 000.00
5	28	3	购进金智公司股票100 000股	长期股权投资——投资成本 应收股利——金智公司 银行存款	884 700.00 18 000.00	902 700.00
	30	4	发行本公司股票1 500 000股，取得兴化公司10%的股权	长期股权投资——投资成本 股本 资本公积——资本溢价 银行存款	9 337 200.00	1 500 000.00 7 800 000.00 37 200.00

习题二　练习长期股权投资后续计量的核算

（一）长城建筑公司会计分录。

会　计　分　录

单位：元

2022年		凭证号数	摘要	科目及子细目	借方金额	贷方金额
月	日					
4	30	1	购进华北建材公司股票6 000 000股	长期股权投资——投资成本 银行存款	30 090 000.00	30 090 000.00
2023年		2	华北建材公司宣告发放现金股利，每股0.12元	应收股利——华北建材公司 投资收益——股权投资收益	720 000.00	720 000.00
3	18					
	28	3	收到华北建材公司现金股利	银行存款 应收股利——华北建材公司	720 000.00	720 000.00
6	30	4	计提华北建材公司股票减值准备	资产减值损失——长期股权投资减值损失 长期股权投资减值准备	3 795 600.00	3 795 600.00
7	8	5	出售华北建材公司股票200 000股	银行存款 长期股权投资减值准备 投资收益 　　长期股权投资——成本	785 246.40 113 868.00 3 585.60	902 700.00

（二）广宁建筑公司

会 计 分 录　　　　　　　　　　　　　　　　　单位：元

2022年		凭证号数	摘要	科目及子细目	借方金额	贷方金额
月	日					
1	5	1-1	转销固定资产账面价值	固定资产清理 累计折旧 　固定资产	1 080 000.00 120 000.00	 1 200 000.00
		1-2	确认长期股权投资成本	长期股权投资——投资成本 　固定资产清理 　银行存款 　资产处置损益	3 188 000.00	1 080 000.00 2 100 000.00 8 000.00
	6	2	调整长期股权投资	长期股权投资——投资成本 　营业外收入	12 000.00	12 000.00
12	31	3	将武泰建筑公司实现的净利润入账	长期股权投资——损益调整 　投资收益	358 400.00	358 400.00
	31	4	将武泰建筑公司持有的其他权益工具投资的增值入账	长期股权投资——其他综合收益 　其他综合收益	22 000.00	22 000.00
2023年		5	将武泰建筑公司接受其母公司捐赠按相应的份额入账	长期股权投资——其他权益变动 　资本公积——其他资本公积	240 000.00	240 000.00
6	30					
7	18	6	将武泰建筑公司宣告将分配利润的份额入账	应收股利 　长期股权投资——损益调整	250 880.00	250 880.00
	28	7	收到武泰建筑公司分配的利润	银行存款 　应收股利	250 880.00	250 880.00
7	31	8-1	出售武泰建筑公司5%的股权	银行存款 投资收益 　长期股权投资——成本 　长期股权投资——损益调整 　长期股权投资——其他权益变动	417 000.00 26 440.00	 400 000.00 13 440.00 30 000.00
		8-2	将出售武泰建筑公司5%股权的资本公积转账	资本公积——其他资本公积 　投资收益	30 000.00	30 000.00

习题三　练习投资性房地产的核算

（一）新光建筑公司会计分录。

会 计 分 录　　　　　　　　　　　　　　　　　单位：元

2022年		凭证号数	摘要	科目及子细目	借方金额	贷方金额
月	日					
4	10	1	购入房屋1幢用于出租	投资性房地产 应交税费——应交增值税——进项税额 　银行存款	1 099 440.00 97 200.00	 1 196 640.00

续表

2022年		凭证号数	摘要	科目及子细目	借方金额	贷方金额
月	日					
	18	2	购入土地使用权用于出租	投资性房地产	1 638 000.00	
				应交税费——应交增值税——进项税额	144 000.00	
				银行存款		1 782 000.00
	30	3	收到出租房屋和土地使用权租金	银行存款	5 777.00	
				其他业务收入		5 300.00
				应交税费——应交增值税——销项税额		477.00
5	31	4	分别计提折旧和进行摊销	其他业务成本	4 240.50	
				投资性房地产累计折旧		2 290.50
				投资性房地产累计摊销		1 950.00
2023年		5-1	出售购入的土地权使用权	银行存款	1 689 500.00	
12	1			其他业务收入		1 550 000.00
				应交税费——应交增值税——销项税额		139 500.00
		5-2	转销土地权使用权销售成本	其他业务成本	1 062 390.00	
				投资性房地产累计摊销	37 050.00	
				投资性房地产		1 099 440.00
	31	6	计提出租房屋的减值准备	资产减值损失——投资性房地产减值损失	11 630.00	
				投资性房地产减值准备		11 630.00

（二）昌化建筑公司会计分录。

会 计 分 录

单位：元

2023年		凭证号数	摘要	科目及子细目	借方金额	贷方金额
月	日					
3	1	1	自行建造用于出租的办公楼竣工转账	投资性房地产——成本	1 250 000.00	
				在建工程		1 250 000.00
	2	2	收到出租办公楼租金	银行存款	6 540.00	
				其他业务收入		6 000.00
				应交税费——应交增值税——销项税额		540.00
	31	3	按出租办公楼公允价值转账	投资性房地产——公允价值变动	30 000.00	
				公允价值变动损益——投资性房地产		30 000.00
	31	4	将公允价值变动损益结转"本年利润"	公允价值变动损益——投资性房地产	30 000.00	
				本年利润		30 000.00
4	5	5	收到出租办公楼租金	银行存款	6 540.00	
				其他业务收入		6 000.00
				应交税费——应交增值税——销项税额		540.00
4	30	6	按出租办公楼公允价值转账	投资性房地产——公允价值变动	5 000.00	
				公允价值变动损益——投资性房地产		5 000.00

续表

2023年		凭证号数	摘要	科目及子细目	借方金额	贷方金额
月	日					
4	30	7	将公允价值变动损益结转"本年利润"	公允价值变动损益——投资性房地产 　　本年利润	5 000.00	5 000.00
5	5	8	收到出租办公楼租金	银行存款 　　其他业务收入 　　应交税费——应交增值税——销项税额	6 540.00	6 000.00 540.00
	31	9-1	出售出租办公楼，收入存入银行	银行存款 　　其他业务收入 　　应交税费——应交增值税——销项税额	1 373 400.00	1 260 000.00 113 400.00
		9-2	结转出租办公楼销售成本	其他业务成本 　　投资性房地产——成本 　　投资性房地产——公允价值变动	1 285 000.00	1 250 000.00 35 000.00
		9-3	转销出租办公楼的公允价值变动损益	其他业务成本 　　公允价值变动损益——投资性房地产	35 000.00	35 000.00

第八章　负　债

一、简答题（略）

二、名词解释题（略）

三、是非题

　　1. ×　2. ×　3. √　4. ×　5. √　6. ×　7. ×　8. √　9. ×

四、单项选择题

　　1. A　　2. B　　3. B

五、多项选择题

　　1. ABD　2. ABD　3. BCD　4. ACD　5. AD

六、实务题

习题一　练习流动负债的核算

会计分录

单位：元

2022年		凭证号数	摘要	科目及子细目	借方金额	贷方金额
月	日					
1	2	1	借入1年期限借款	银行存款 　短期借款	200 000.00	200 000.00
	6	2	收到苏南公司拨来抵作备料款的各种材料	原材料 　预收账款——苏南公司 　材料成本差异	136 000.00	134 200.00 1 800.00
	8	3	收到苏南公司预付建造厂房工程款	银行存款 　预收账款——苏南公司	315 800.00	315 800.00
	10	4	归还已到期借款	短期借款 　银行存款	150 000.00	150 000.00
	25	5	提取现金，备发职工薪酬	库存现金 　银行存款	321 867.00	321 867.00

续表

2022年		凭证号数	摘要	科目及子细目	借方金额	贷方金额
月	日					
1	25	6	发放本月职工薪酬	应付职工薪酬——工资	393 600.00	
				库存现金		321 867.00
				其他应付款——住房公积金		27 552.00
				其他应付款——养老保险费		31 488.00
				其他应付款——医疗保险费		7 872.00
				其他应付款——失业保险费		3 936.00
				应交税费——应交个人所得税		885.00
	26	7	分配各类人员薪酬	工程施工——商务楼工程	162 800.00	
				工程施工——商品房工程	137 700.00	
				机械作业	19 100.00	
				生产成本	15 200.00	
				工程施工——间接费用	13 200.00	
				管理费用	45 600.00	
				应付职工薪酬——工资		393 600.00
	26	8	按工资总额的14%、2%、1.5%分别计提职工福利费、工会经费和职工教育经费	工程施工——商务楼工程	28 490.00	
				工程施工——商品房工程	24 097.50	
				机械作业	3 342.50	
				生产成本	2 660.00	
				工程施工——间接费用	2 310.00	
				管理费用	7 980.00	
				应付职工薪酬——职工福利		55 104.00
				应付职工薪酬——工会经费		7 872.00
				应付职工薪酬——职工教育经费		5 904.00
	27	9	按工资总额的12%计提医疗保险费	应付职工薪酬——职工福利	47 232.00	
				应付职工薪酬——社会保险费		47 232.00
	27	10	按工资总额的20%、1%和7%分别计提养老保险费、失业保险费和住房公积金	工程施工——商务楼工程	45 584.00	
				工程施工——商品房工程	38 556.00	
				机械作业	5 348.00	
				生产成本	4 256.00	
				工程施工——间接费用	3 696.00	
				管理费用	12 768.00	
				应付职工薪酬——社会保险费		82 656.00
				应付职工薪酬——住房公积金		27 552.00
	28	11	将本月应交的医疗保险费、养老保险费、失业保险费和住房公积金交纳给社会保险事业基金结算中心和公积金管理中心	应付职工薪酬——社会保险费	129 888.00	
				应付职工薪酬——住房公积金	27 552.00	
				其他应付款——住房公积金	27 552.00	
				其他应付款——养老保险费	31 488.00	
				其他应付款——医疗保险费	7 872.00	
				其他应付款——失业保险费	3 936.00	
				银行存款		228 288.00

续表

2022年		凭证号数	摘 要	科目及子细目	借方金额	贷方金额
月	日					
1	29	12	职工报销学习科学文化学费、家属医药费和职工生活困难补助费	应付职工薪酬——职工教育经费 应付职工薪酬——职工福利 库存现金	1 800.00 600.00	 2 400.00
9	28	13	建造厂房已竣工，与苏南公司结算工程款	预收账款——苏南公司 应收账款——苏南公司 工程结算	450 000.00 650 000.00	 1 100 000.00
	30	14	收到苏南公司支付的工程款	银行存款 应收账款——苏南公司	650 000.00	 650 000.00

习题二 练习长期借款的核算

会 计 分 录

单位：元

2022年		凭证号数	摘 要	科目及子细目	借方金额	贷方金额
月	日					
5	31	1	向银行借入专门借款建造办公楼	银行存款 长期借款——专门借款——本金	900 000.00	 900 000.00
6	1	2	支付第一期工程款	在建工程——建筑工程——建造办公楼 应交税费——应交增值税——进项税额 银行存款	600 000.00 54 000.00	 654 000.00
	30	3	计提本月专门借款利息	在建工程——建筑工程——建造办公楼 长期借款——专门借款——利息	6 000.00	 6 000.00
2023年 3	31	4	收到尚未动用专门借款存入银行的利息收入	银行存款 在建工程——建筑工程——建造办公楼	900.00	 900.00
	31	5	支付第二期工程款	在建工程——建筑工程——建造办公楼 应交税费——应交增值税——进项税额 银行存款	300 000.00 27 000.00	 327 000.00
4	30	6	计提本月专门借款利息费用和占用一般借款的利息费用	在建工程——建筑工程——建造办公楼 长期借款——专门借款——利息 长期借款——一般借款——利息	6 390.00	 6 000.00 390.00
5	31	7	建造办公楼工程竣工付清全部款项	在建工程——建筑工程——建造办公楼 应交税费——应交增值税——进项税额 银行存款	20 000.00 1 800.00	 21 800.00
	31	8	建造办公楼已达预定可使用状态验收使用予以转账	固定资产 在建工程——建筑工程——建造办公楼	991 490.00	 991 490.00
6	30	9	计提本月专门借款利息	财务费用——利息支出 长期借款——专门借款——利息	6 000.00	 6 000.00

习题三 练习应付债券的核算

（一）康达安装公司会计分录。

会 计 分 录

单位：元

2021年		凭证号数	摘要	科目及子细目	借方金额	贷方金额
月	日					
5	28	1	支付债券发行费用	在建工程——建筑工程——建造营业厅 银行存款	12 600.00	12 600.00
	31	2	按面值发行债券	银行存款 应付债券——债券面值	840 000.00	840 000.00
6	1	3	支付第一期工程款	在建工程——建筑工程——建造营业厅 应交税费——应交增值税——进项税额 银行存款	500 000.00 45 000.00	500 000.00
6	30	4	预提本月债券利息	在建工程——建筑工程——建造营业厅 应付债券——应计利息	5 600.00	5 600.00
2022年		5	收到发行债券尚未动用资金的利息收入	银行存款 在建工程——建筑工程——建造营业厅	860.00	860.00
8	31					
	31	6	支付建造营业厅剩余工程款	在建工程——建筑工程——建造营业厅 应交税费——应交增值税——进项税额 银行存款	340 000.00 27 000.00	367 000.00
	31	7	建造营业厅竣工予以转账	固定资产 在建工程——建筑工程——建造营业厅	935 740.00	935 740.00
2023年		8	偿还债券本金利息	应付债券——债券面值 应付债券——应计利息 财务费用 银行存款	840 000.00 128 800.00 5 600.00	974 400.00
5	31					

（二）分别计算债券的发行价、债券的溢价额和折价额。

四方设备安装公司债券发行价格 = 1 080 000×0.793 8+1 080 000×9%×2.577 1

= 1 107 798.12（元）

计算结果表明，债券的发行价格为 1 107 798.12 元，溢价额为 27 798.12 元。

凯达建筑公司债券发行价格 = 720 000×0.793 8+720 000×7%×2.577 1

= 701 421.84（元）

计算结果表明，债券的发行价格为 701 421.84 元，折价额为 18 578.16 元。

（三 A）四方设备安装公司会计分录。

会 计 分 录

单位：元

2022年		凭证号数	摘要	科目及子细目	借方金额	贷方金额
月	日					
6	28	1	支付债券发行费用	在建工程——建筑工程——建造办公楼 银行存款	16 200.00	16 200.00

第八章 负 债

续表

2022年		凭证号数	摘要	科目及子细目	借方金额	贷方金额
月	日					
	30	2	溢价发行债券	银行存款	1 107 798.12	
				应付债券——债券面值		1 080 000.00
				应付债券——利息调整		27 798.12
7	8	3	支付第一期工程款	在建工程——建筑工程——建造办公楼	600 000.00	
				应交税费——应交增值税——进项税额	54 000.00	
				银行存款		654 000.00
	31	4-1	预提本月债券利息	在建工程——建筑工程——建造办公楼	8 100.00	
				应付利息		8 100.00
		4-2	摊销本月利息调整额	应付债券——利息调整	772.17	
				在建工程——建筑工程——建造办公楼		772.17
2023年		5-1	支付一年期债务利息	应付利息	89 100.00	
6	30			在建工程——建筑工程——建造办公楼	8 100.00	
				银行存款		97 200.00
		5-2	摊销本月利息调整额	应付债券——利息调整	772.17	
				在建工程——建筑工程——建造办公楼		772.17
	30	6	收到尚未动用款项的利息收入	银行存款	1 660.00	
				在建工程——建筑工程——建造办公楼		1 660.00
	30	7	支付建造办公楼剩余工程款	在建工程——建筑工程——建造办公楼	400 000.00	
				应交税费——应交增值税——进项税额	36 000.00	
				银行存款		436 000.00
	30	8	建造办公楼已达预定可使用状态并验收使用予以转账	固定资产	1 102 473.96	
				在建工程——建筑工程——建造办公楼		1 102 473.96

（三 B）凯达建筑公司会计分录。

会 计 分 录

单位：元

2022年		凭证号数	摘要	科目及子细目	借方金额	贷方金额
月	日					
6	28	1	支付债券发行费用	财务费用	10 800.00	
				银行存款		10 800.00
	30	2	折价发行债券	银行存款	701 421.84	
				应付债券——利息调整	18 578.16	
				应付债券——债券面值		720 000.00
7	2	3	购进铲运机和推土机已验收使用	固定资产	628 000.00	
				应交税费——应交增值税——进项税额	81 640.00	
				银行存款		709 640.00
	31	4-1	计提本月债券利息	财务费用——利息支出	4 200.00	
				应付利息		4 200.00

续表

2022年		凭证号数	摘要	科目及子细目	借方金额	贷方金额
月	日					
7	31	4-2	摊销本月利息调整额	财务费用——利息支出 应付债券——利息调整	516.06	516.06
2023年		5-1	支付投资者一年期利息	应付利息 财务费用——利息支出 银行存款	46 200.00 4 200.00	50 400.00
6	30					
		5-2	摊销本月利息调整额	财务费用——利息支出 应付债券——利息调整	516.06	516.06

(三C) 四方设备安装公司用实际利率法调整各年的摊销额。

利息调整贷方余额摊销计算表　　　　　　　　　　　　　　单位：元

付息期数 (1)	票面利息 (2)=面值× 票面利率	实际利息 (3)=上期(6)× 实际利率	利息调整摊销额 (4)=(2)-(3)	利息调整贷方余额 (5)=上期利息 调整额-(4)	应付债券现值 (6)=面值+(5)
发行时				27 798.12	1 107 798.12
1	97 200.00	88 623.85	8 576.15	19 221.97	1 099 221.97
2	97 200.00	87 937.76	9 262.24	9 959.73	1 089 959.73
3	97 200.00	87 240.27	9 959.73	0	1 080 000.00

第一年各月应负担的票面利息=97 200/12=8 100（元）

第一年各月应负担的实际利息=88 623.85/12=7 385.32（元）

第一年各月的利息调整摊销额=8 576.15/12=714.68（元）

2022年7月31日，根据计算的结果，计提本月份债券利息，作分录如下。

借：在建工程——建筑工程——建造办公楼　　　　　　7 385.32
　　应付债券——利息调整　　　　　　　　　　　　　　714.68
　　贷：应付利息　　　　　　　　　　　　　　　　　　　　8 100.00

(三D) 凯达建筑公司用实际利率法调整各年的摊销额。

利息调整借方余额摊销计算表　　　　　　　　　　　　　　单位：元

付息期数 (1)	票面利息 (2)=面值× 票面利率	实际利息 (3)=上期(6)× 实际利率	利息调整摊销额 (4)=(3)-(2)	利息调整借方余额 (5)=上期利息 调整额-(4)	应付债券现值 (6)=面值+(5)
发行时				18 578.16	701 421.84
1	50 400.00	56 113.75	5 713.75	12 864.41	707 135.59
2	50 400.00	56 570.85	6 170.85	6 693.56	713 306.44
3	50 400.00	57 064.52	6 693.56	0	720 000.00

第一年各月应负担的票面利息 = 50 400/12 = 4 200（元）
第一年各月应负担的实际利息 = 56 113.75/12 = 4 676.15（元）
第一年各月的利息调整摊销额 = 5 713.75/12 = 476.15（元）
2022 年 7 月 31 日，根据计算的结果，预提本月份债券利息，作分录如下。

借：财务费用——利息支出　　　　　　　　　　　　　　4 676.15
　　贷：应付利息　　　　　　　　　　　　　　　　　　4 200.00
　　　　应付债券——利息调整　　　　　　　　　　　　　476.15

习题四　练习长期应付款的核算

会 计 分 录　　　　　　　　　　　　　　　单位：元

| 2022年 | | 凭证号数 | 摘要 | 科目及子细目 | 借方金额 | 贷方金额 |
月	日					
1	2	1	支付融资租赁挖掘机的手续费等初始直接费用	固定资产——融资租入固定资产 银行存款	2 200.00	2 200.00
	2	2	融资租入挖掘机一台	固定资产——融资租入固定资产 未确认融资费用 　长期应付款——应付融资租赁款	120 461.60 30 538.40	151 000.00
	31	3	摊销本月未确认的融资费用	财务费用——利息支出 　未确认融资费用	508.97	508.97
12	31	4	支付本年度挖掘机租金	长期应付款——应付融资租赁款 应交税费——应交增值税——进项税额 　银行存款	30 000.00 3 900.00	33 900.00
5年后 12	31	5-1	租赁期满支付挖掘机购买价	长期应付款——应付融资租赁款 应交税费——应交增值税——进项税额 　银行存款	1 000.00 130.00	1 130.00
		5-2	取得挖掘机所有权予以转账	固定资产——生产经营用固定资产 　固定资产——融资租入固定资产	122 461.60	122 461.60

习题五　练习预计负债的核算

会 计 分 录　　　　　　　　　　　　　　　单位：元

| 2022年 | | 凭证号数 | 摘要 | 科目及子细目 | 借方金额 | 贷方金额 |
月	日					
9	27	1	因合同违约诉讼案可能败诉的损失转账	营业外支出——赔偿支出 　预计负债——未决诉讼	105 000.00	105 000.00
	30	2	可能为被担保公司承担还款责任损失转账	营业外支出——赔偿支出 　预计负债——未决诉讼	86 000.00	86 000.00
2023年 7	5	3-1	支付诉讼费	管理费用——诉讼费 　银行存款	14 100.00	14 100.00

续表

2023年		凭证号数	摘　　要	科目及子细目	借方金额	贷方金额
月	日					
7	5	3-2	合同违约案败诉损失差额转账	预计负债——未决诉讼	105 000.00	
				其他应付款		104 000.00
				营业外支出——赔偿支出		1 000.00
	15	4	支付合同违约赔偿款	其他应付款	104 000.00	
				银行存款		104 000.00
	20	5-1	支付诉讼费	管理费用——诉讼费	9 600.00	
				银行存款		9 600.00
		5-2	因担保协议承担还款责任转账	营业外支出——赔偿支出	800.00	
				预计负债——未决诉讼	86 000.00	
				其他应付款		86 800.00

第九章 所有者权益

一、简答题（略）

二、名词解释题（略）

三、是非题

　　1. × 2. √ 3. √ 4. × 5. × 6. ×

四、单项选择题

　　1. C 2. D 3. B 4. C

五、多项选择题

　　1. ABD 2. AC 3. ABC 4. BCD 5. ACD

六、实务题

习题一　练习投资者投入资本的核算

A. 武宁建筑公司会计分录。

会 计 分 录　　　　　　　　　　　　　　　　单位：元

2022年		凭证号数	摘要	科目及子细目	借方金额	贷方金额
月	日					
1	6	1	康定公司投资拨入流动资金	银行存款 　实收资本	291 300.00	291 300.00
	10	2	收到康定公司投入房屋1幢	固定资产 　实收资本	600 000.00	600 000.00
	15	3	收到国外投资者投资的美元	银行存款——外币存款 　实收资本	1 943 700.00	1 943 700.00
	22	4	收到康定公司投入掘土机1台	固定资产 　实收资本	165 000.00	165 000.00
2023年		1	收到国外投资者增加的投资额	银行存款——外币存款 　实收资本 　资本公积——资本溢价	745 800.00	678 000.00 67 800.00
6	15					

续表

2023年		凭证号数	摘要	科目及子细目	借方金额	贷方金额
月	日					
6	18	2	收到康定公司投入建筑材料并投入现款	银行存款	874 200.00	
				原材料——主要材料	360 000.00	
				实收资本		1 122 000.00
				资本公积——资本溢价		112 200.00

B. 新城建筑股份有限公司会计分录。

会 计 分 录

单位：元

2023年		凭证号数	摘要	科目及子细目	借方金额	贷方金额
月	日					
		1	增发普通股，溢价发行发行款存入银行	银行存款	8 002 800.00	
				股本——普通股		900 000.00
				资本公积——股本溢价		7 102 800.00

习题二　练习库存股的核算

A. 隆昌建筑股份有限公司会计分录。

会 计 分 录

单位：元

2022年		凭证号数	摘要	科目及子细目	借方金额	贷方金额
月	日					
1	31	1	根据本月经营情况将奖励的金额计入费用	管理费用	16 666.67	
				资本公积——其他资本公积		16 666.67
3	15	2	购进本公司普通股并支付佣金	库存股	198 092.50	
				银行存款		198 092.50
2023年		3	2022年公司达到增收的奖励目标、予以行权	资本公积——其他资本公积	200 000.00	
3	5			库存股		198 092.50
				资本公积——股本溢价		1 907.50

B. 开瑞建筑股份有限公司会计分录。

会 计 分 录

单位：元

2023年		凭证号数	摘要	科目及子细目	借方金额	贷方金额
月	日					
1	18	1	购进本公司普通股并支付佣金、印花税	库存股	1 203 600.00	
				银行存款		1 203 600.00
3	25	2	购进本公司普通股并支付佣金、印花税	库存股	782 340.00	
				银行存款		782 340.00

续表

2023年		凭证号数	摘要	科目及子细目	借方金额	贷方金额
月	日					
3	31	3	决定将收购的普通股全部予以注销	股本 资本公积——股本溢价 库存股	250 000.00 1 735 940.00	1 985 940.00

习题三　练习资本公积、其他综合收益和盈余公积的核算

会 计 分 录　　　　　　　　　　　　　　单位：元

2022年		凭证号数	摘要	科目及子细目	借方金额	贷方金额
月	日					
12	15	1	收到淮海公司出资款	银行存款 实收资本 资本公积——资本溢价	780 000.00	650 000.00 130 000.00
	18	2	收到国外投资者汇入美元投资款	银行存款——外币存款 实收资本 资本公积——资本溢价	1 020 000.00	850 000.00 170 000.00
	31	3	根据本月份的施工进度将奖励的金额计入成本	工程施工 资本公积	60 000.00	60 000.00
	31	4	将兴安公司实现的收入按应享有的份额入账	长期股权投资——损益调整 长期股权投资——其他综合收益 投资收益 其他综合收益	324 000.00 23 400.00	324 000.00 23 400.00
	31	5	按净利润的10%提取法定盈余公积和8%提取任意盈余公积	利润分配——提取法定盈余公积 利润分配——提取任意盈余公积 盈余公积——法定盈余公积 盈余公积——任意盈余公积	50 000.00 40 000.00	50 000.00 40 000.00
	31	6	经批准将资本公积和法定盈余公积、任意盈余公积转增资本	资本公积 盈余公积——法定盈余公积 盈余公积——任意盈余公积 实收资本	200 000.00 120 000.00 60 000.00	380 000.00
2023年 1　20		7-1	出售兴安公司4%的股权	银行存款 长期股权投资——投资成本 长期股权投资——损益调整 长期股权投资——其他综合收益 投资收益	918 800.00	848 000.00 43 200.00 3 520.00 24 080.00
		7-2	转销其他综合收益	其他综合收益 投资收益	3 520.00	3 520.00

第十章　工程成本和费用

一、简答题（略）

二、名词解释题（略）

三、是非题

    1. √　2. ×　3. ×　4. ×　5. ×　6. √　7. √　8. √　9. ×　10. ×　11. √　12. √
13. √　14. ×

四、单项选择题

    1. C　2. B　3. D　4. C　5. B

五、多项选择题

    1. ABD　2. ACDEF　3. ABD　4. BCD　5. ABCD　6. ABC　7. ABD　8. ABCD

六、实务题

习题一　练习材料费、人工费和辅助生产费用的归集与分配

（一）编制会计分录。

会　计　分　录

单位：元

2023年		凭证号数	摘要	科目及子细目	借方金额	贷方金额
月	日					
6	30	1-1	根据耗用材料汇总表耗用的原材料转账	工程施工——商品房工程合同成本——材料费	630 000.00	
				工程施工——商务楼工程合同成本——材料费	370 000.00	
				机械作业——挖掘机作业组	9 600.00	
				机械作业——混凝土搅拌机作业组	2 000.00	
				生产成本——辅助生产成本	7 200.00	
				工程施工——间接费用	2 000.00	
				原材料——主要材料		880 000.00
				原材料——结构材料		120 000.00
				原材料——机械配件		5 200.00
				原材料——其他材料		15 600.00

续表

2023年		凭证号数	摘要	科目及子细目	借方金额	贷方金额
月	日					
6	30	1-2	调整耗用原材料成本差异	材料成本差异——主要材料	10 560.00	
				材料成本差异——结构件	1 200.00	
				机械作业——挖掘机作业组	134.00	
				机械作业——混凝土搅拌机作业组	26.00	
				生产成本——辅助生产成本	96.00	
				工程施工——间接费用	30.00	
				工程施工——商品房工程合同成本——材料费		7 400.00
				工程施工——商务楼工程合同成本——材料费		4 360.00
				材料成本差异——机械配件		52.00
				材料成本差异——其他材料		234.00
6	30	1-3	根据耗用材料汇总表的周转材料摊销额转账	工程施工——商品房工程合同成本——材料费	8 894.00	
				工程施工——商务楼工程合同成本——材料费	4 357.00	
				周转材料——周转材料摊销		13 251.00
	30	2	分配本月职工工资	工程施工——商品房工程合同成本——人工费	172 000.00	
				工程施工——商务楼工程合同成本——人工费	88 000.00	
				机械作业——挖掘机作业组	9 000.00	
				机械作业——混凝土搅拌机作业组	5 600.00	
				机械作业——间接费用	3 800.00	
				生产成本——辅助生产成本	14 400.00	
				工程施工——间接费用	16 000.00	
				应付职工薪酬——工资		308 800.00
	30	3	按工资总额的14%、2%、1.5%、3%、2%和7%分别计提职工福利费、工会经费、职工教育经费、养老保险费、失业保险费和住房公积金	工程施工——商品房工程合同成本	78 260.00	
				工程施工——商务楼工程合同成本	40 040.00	
				机械作业——挖掘机作业组	4 095.00	
				机械作业——混凝土搅拌机作业组	2 548.00	
				机械作业——间接费用	1 729.00	
				生产成本——辅助生产成本	6 552.00	
				工程施工——间接费用	7 280.00	
				应付职工薪酬——职工福利费		43 232.00
				应付职工薪酬——工会经费		6 176.00
				应付职工薪酬——职工教育经费		4 632.00
				应付职工薪酬——养老保险费		61 760.00
				应付职工薪酬——失业保险费		3 088.00
				应付职工薪酬——住房公积金		21 616.00
	30	4	收到电力账单，账款尚未支付	机械作业——混凝土搅拌机作业组	2 280.00	
				生产成本——辅助生产成本——机修车间	1 680.00	
				应交税费——应交增值税——进项税额	514.80	
				应付账款		4 474.80

续表

2023年		凭证号数	摘要	科目及子细目	借方金额	贷方金额
月	日					
9	30	5	计提固定资产折旧费	机械作业——挖掘机作业组	11 156.00	
				机械作业——混凝土搅拌机作业组	8 391.00	
				生产成本——辅助生产成本——机修车间	2 104.00	
				工程施工——间接费用	7 714.00	
				累计折旧		29 365.00
	30	6	分配本月辅助生产费用	机械作业——挖掘机作业组	11 737.80	
				机械作业——混凝土搅拌机作业组	6 681.52	
				工程施工——间接费用	1 805.82	
				其他业务成本	17 335.86	
				生产成本——辅助生产成本——机修车间		37 561.00

（二）登记"生产成本——辅助生产成本"明细账。

生产成本——辅助生产成本明细账

三级明细账户：机修车间　　　　　　　　　　　　　　　　　　　　　　　　单位：元

2023年		凭证号数	摘要	借方					贷方	借或贷	余额
月	日			材料费	人工费	其他直接费	间接费用	合计			
9	30	1-1	领用材料	7 200.00				7 200.00		借	7 200.00
		1-2	调整材料成本差异	96.00				96.00		借	7 296.00
		2	分配本月份职工工资		14 400.00		3 800.00	18 200.00		借	25 496.00
		3	计提其他人工费用		6 552.00		1 729.00	8 281.00		借	33 777.00
		4	耗用电力			1 680.00		1 680.00		借	35 457.00
		5	计提折旧			2 104.00		2 104.00		借	37 561.00
		6	分配辅助生产费用						37 561.00	平	-0-
9	30		本月合计	7 296.00	20 952.00	3 784.00	5 529.00	37 561.00	37 561.00	平	-0-

习题二　练习辅助生产费用的分配

（一A）用直接分配法分配辅助生产费用。

辅助生产费用分配表（直接分配法）

2023年7月31日　　　　　　　　　　　　　　　　　　　　　　　　金额单位：元

项　目		修理车间	发电车间	合计金额
辅助生产费用		31 500.00	21 850.00	53 350.00
产品或劳务供应量		1 150	45 000	
分配率		27.391 3	0.485 6	
商品房工程	耗用数量		21 000	
	分配金额		10 197.60	10 197.60

续表

项　目		修理车间	发电车间	合计金额
商务楼工程	耗用数量		18 000	
	分配金额		8 740.80	8 740.80
机械作业部门	耗用数量	550	3 000	
	分配金额	15 065.22	1 456.80	16 522.02
施工管理部门	耗用数量	50	800	
	分配金额	1 369.57	388.48	1 758.05
行政管理部门	耗用数量	120	2 200	
	分配金额①	3 286.96	1 066.32	4 353.28
奉贤建筑公司	耗用数量	430		
	分配金额	11 778.25		11 778.25
合　计		31 500.00	21 850.00	53 350.00

注：①分配中产生的尾差全部列入行政管理部门的分配金额。

（二 A）编制会计分录。

根据辅助生产费用分配表分配的结果，作分录如下。

借：工程施工——商品房工程合同成本　　　　　　　　10 197.60
　　工程施工——商务楼工程合同成本　　　　　　　　8 740.80
　　机械作业　　　　　　　　　　　　　　　　　　　16 522.02
　　生产成本——间接费用　　　　　　　　　　　　　1 758.05
　　管理费用　　　　　　　　　　　　　　　　　　　4 353.28
　　其他业务成本　　　　　　　　　　　　　　　　　11 778.25
　　贷：生产成本——辅助生产成本——修理车间　　　31 500.00
　　　　生产成本——辅助生产成本——发电车间　　　21 850.00

（二 B）用交互分配法分配辅助生产费用。

辅助生产费用分配表（交互分配法）

2023 年 7 月 31 日　　　　　　　　　　　　　金额单位：元

项　目		修理车间			发电车间			合计金额
		数量/工时	单位成本（分配率）	分配金额	数量/千瓦时	单位成本（分配率）	分配金额	
待分配辅助生产费用		1 250	25.20	31 500.00	47 500	0.46	21 850.00	53 350.00
交互分配	修理车间			+1 150.00	-2 500		-1 150.00	
	发电车间	-100		-2 520.00			+2 520.00	
对外分配辅助生产费用		1 150	26.20	30 130.00	45 000	0.516	23 220.00	
对外分配	商品房工程				21 000		10 836.00	10 836.00
	商务楼工程				18 000		9 288.00	9 288.00
	机械作业部门	550		14 410.00	3 000		1 548.00	15 958.00

续表

项目		修理车间			发电车间			合计金额
		数量/工时	单位成本（分配率）	分配金额	数量/千瓦时	单位成本（分配率）	分配金额	
对外分配	施工管理部门	50		1 310.00	800		412.80	1 722.80
	行政管理部门	120		3 144.00	2 200		1 135.20	4 279.20
	奉贤建筑公司	430		11 266.00				11 266.00

（二 B）编制会计分录。

（1）根据辅助生产车间交互分配的计算结果，作分录如下。

借：生产成本——辅助生产成本——修理车间　　　　　　　1 150.00
　　生产成本——辅助生产成本——发电车间　　　　　　　2 520.00
　贷：生产成本——辅助生产成本——修理车间　　　　　　　2 520.00
　　　生产成本——辅助生产成本——发电车间　　　　　　　1 150.00

（2）根据对外分配的计算结果，作分录如下。

借：工程施工——商品房工程合同成本　　　　　　　　　10 836.00
　　工程施工——商务楼工程合同成本　　　　　　　　　　9 288.00
　　机械作业　　　　　　　　　　　　　　　　　　　　15 958.00
　　工程施工——间接费用　　　　　　　　　　　　　　　1 722.80
　　管理费用　　　　　　　　　　　　　　　　　　　　　4 279.20
　　其他业务成本　　　　　　　　　　　　　　　　　　11 266.00
　贷：生产成本——辅助生产成本——修理车间　　　　　　30 130.00
　　　生产成本——辅助生产成本——发电车间　　　　　　23 220.00

习题三　练习机械使用费的核算

（一）设置机械作业明细账，并根据本章习题一至本习题编制相关的会计分录，逐笔进行登记。

机械作业明细账

明细账户：挖掘机作业组　　　　　　　　　　　　　　　　　　　　　　　　　单位：元

2023年		凭证号数	摘要	借方						贷方	余额
月	日			人工费	燃料及动力费	折旧及修理费	其他直接费	间接费用	合计		
6	30	略	领用各种材料		7 200.00	2 000.00	400.00		9 600.00		9 600.00
			调整材料成本差异		108.00	20.00	6.00		134.00		9 734.00
			分配人工费	9 000.00					9 000.00		18 734.00
			分配其他人工费用	4 095.00					4 095.00		22 829.00
			计提折旧费			11 156.00			11 156.00		33 985.00
			分配转入修理费			11 737.80			11 737.80		45 722.80
			支付搬运费				1 420.00		1 420.00		47 142.80
			分配共同费用					3 842.00	3 842.00		50 984.80
			分配机械使用费							50 984.80	-0-
6	30		本月合计	13 095.00	7 308.00	24 913.80	1 826.00	3 842.00	50 984.80	50 984.80	-0-

机械作业明细账

明细账户：混凝土搅拌机作业组　　　　　　　　　　　　　　　　　　　　　　　　单位：元

2023年		凭证号数	摘　要	借方						贷方	余　额
月	日			人工费	燃料及动力费	折旧及修理费	其他直接费	间接费用	合　计		
6	30	略	领用各种材料			800.00	1 200.00		2 000.00		2 000.00
			调整材料成本差异			8.00	18.00		26.00		2 026.00
			分配人工费	5 600.00					5 600.00		7 626.00
			分配其他人工费用	2 548.00					2 548.00		10 174.00
			耗用电力		2 280.00				2 280.00		12 454.00
			计提折旧费			8 391.00			8 391.00		20 845.00
			分配转入修理费			6 681.52			6 681.52		27 526.52
			支付搬运费				1 310.00		1 310.00		28 836.52
			分配共同费用					1 921.00	1 921.00		30 757.52
			分配机械使用费							30 757.52	-0-
6	30		本月合计	8 148.00	2 280.00	15 880.52	2 528.00	1 921.00	30 757.52	30 757.52	-0-

（二）编制会计分录

会计分录

单位：元

2023年		凭证号数	摘　要	科目及子细目	借方金额	贷方金额
月	日					
6	30	1	支付挖掘机和混凝土搅拌机搬运费	机械作业——挖掘机作业组——其他直接费	1 420.00	
				机械作业——混凝土搅拌机作业组——其他直接费	1 310.00	
				应交税费——应交增值税——进项税额	245.70	
				银行存款		2 975.70
	30	2	支付机械作业部门电脑的修理费	机械作业——共同费用	1 360.00	
				应交税费——应交增值税——进项税额	177.06	
				银行存款		1 537.06
	30	3	分配机械作业部门的共同费用	机械作业——挖掘机作业组	3 842.00	
				机械作业——混凝土搅拌机作业组	1 921.00	
				机械作业		5 763.00
	30	4	用作业量法分配法分配机械使用费	工程施工——商品房工程合同成本——机械使用费	56 932.66	
				工程施工——商务楼工程合同成本——机械使用费	24 809.66	
				机械作业——挖掘机作业组		50 984.80
				机械作业——混凝土搅拌机作业组		30 757.52
	30	5	用台班分配法分配塔吊的使用费	工程施工——商品房工程合同成本——机械使用费	15 296.00	
				工程施工——商务楼工程合同成本——机械使用费	13 384.00	
				应交税费——应交增值税——进项税额	3 728.40	
				银行存款		32 408.40

(三) 编制"机械使用费分配表"

机械使用费分配表

2023 年 6 月 30 日　　　　　　　　　　　　　　　金额单位：元

受益对象	挖掘机			混凝土搅拌机			合计
	作业量/m³	分配率	分配额	作业量/m³	分配率	分配额	
商品房工程	1 500	23.713 9	35 570.79	1 396	15.302 2	21 361.87	56 932.66
商务楼工程	650	23.713 9	15 414.01	614	15.302 2	9 395.65	24 809.66
合计	2 150	——	50 984.80	2 010	——	30 757.52	81 742.32

(四) 用预算分配法分配机械使用费，并编制相应的会计分录。

$$\text{推土机作业组分配率} = \frac{21\,825}{12\,000 + 10\,500} = 0.97$$

建造 305 公路工程应分配推土机使用费 = 12 000×0.97 = 11 640 （元）

建造 306 公路工程应分配推土机使用费 = 10 500×0.97 = 10 185 （元）

根据分配结果，作分录如下。

借：工程施工——建造 305 公路工程合同成本——机械使用费　　11 640.00
　　工程施工——建造 306 公路工程合同成本——机械使用费　　10 185.00
　　　贷：机械作业——推土机作业组　　　　　　　　　　　　　　　　21 825.00

习题四　练习其他直接费用和间接费用的归集与分配

(一) 编制会计分录

会 计 分 录

单位：元

2023 年		凭证号数	摘要	科目及子细目	借方金额	贷方金额
月	日					
6	30	1	根据各工程受益程度分配其他直接费	工程施工——商品房工程合同成本——其他直接费 工程施工——商务楼工程合同成本——其他直接费 应交税费——应交增值税——进项税额 应付账款	33 120.00 19 250.00 5 253.06	 57 623.06
	30	2	支付本月电费和电话费	工程施工——间接费用 应交税费——应交增值税——进项税额 银行存款	2 800.00 328.80	 3 128.80
	30	3	摊销本月临时设施费领用工具、劳动保护用品费和财产保险费	工程施工——间接费用 　临时设施摊销 　低值易耗品——低值易耗品摊销 　待摊费用	18 112.00	 6 860.00 10 352.00 900.00
	30	4	用直接费用比例分配法，分配间接费用	工程施工——商品房工程合同成本——间接费用 工程施工——商务楼工程合同成本——间接费用 　工程施工——间接费用	35 673.89 20 067.93	 55 741.82

（二）设置"工程施工——间接费用"明细账，并根据本章习题一至本习题编制相关的会计分录逐笔进行登记。

工程施工——间接费用明细账

单位：元

2023年		凭证号数	摘要	借方	贷方	借或贷	余额
月	日						
6	30	略	领用材料	2 000.00			2 000.00
			调整材料成本差异	30.00			2 030.00
			分配职工工资	16 000.00			18 030.00
			分配其他人工费用	7 280.00			25 310.00
			计提固定资产折旧费	7 714.00			33 024.00
			分配机修车间转入修理费	1 805.82			34 829.82
			支付电费及电话费	2 800.00			37 629.82
			摊销临时设施费	6 860.00			44 489.82
			领用工具、劳动保护用品摊销	10 352.00			54 841.82
			摊销财产保险费	900.00			55 741.82
			分配间接费用		55 741.82	平	-0-
6	30		本月合计	55 741.82	55 741.82	平	-0-

$$间接费用分配率=\frac{55\ 741.82}{(631\ 494+250\ 260+72\ 228.66+33\ 120)+(369\ 997+128\ 040+38\ 193.66+19\ 250)}$$

$$=\frac{55\ 741.82}{1\ 542\ 583.32}=0.036\ 14$$

商品房工程应分配间接费用＝987 102.66×0.036 14＝35 673.89（元）

商务楼工程应分配间接费用＝555 480.66×0.036 14＝20 067.93（元）

（三）根据上列资料，重新用人工费比例分配法分配间接费用。

$$间接费用分配率=\frac{55\ 741.82}{250\ 260+128\ 040}=0.147\ 35$$

商品房工程应分配间接费用＝250 260×0.147 35＝36 875.81（元）

商务楼工程应分配间接费用＝55 741.82－36 875.81＝18 866.01（元）

习题五　练习工程成本的结转与竣工成本决算

（一）设置"工程施工——第一项目工程部"二级明细账户及其所属的"商品房工程合同成本"和"商务楼工程合同成本"三级明细账户，并根据本章习题一至本习题编制的相关会计分录逐笔进行登记。

工程施工二级明细账

账户名称：第一项目工程部合同成本　　　　　　　　　　　　　　　　　单位：元

| 2023年 | | 凭证号数 | 摘要 | 材料费 | 人工费 | 机械使用费 | 其他直接费 | 间接费用 | 合计 |
月	日								
6	1		月初余额	6 180 106.00	2 448 140.00	656 974.00	281 080.00	316 104.00	9 882 404.00
	30		耗用材料计划成本	1 000 000.00					1 000 000.00
		略	调整材料成本差异	11 760.00					11 760.00
			摊销周转材料	13 251.00					13 251.00
			分配职工工资		260 000.00				260 000.00
			分配其他人工费用		118 300.00				118 300.00
			分配机械使用费			81 742.32			81 742.32
			支付机械设备租赁费			28 680.00			28 680.00
			分配其他直接费				52 370.00		52 370.00
			分配间接费用					55 741.82	55 741.82
6	30		本月施工费用合计	1 001 491.00	378 300.00	110 422.32	52 370.00	55 741.82	1 598 325.14
6	30		施工费用合计	7 181 597.00	2 826 440.00	767 396.32	333 450.00	371 845.82	11 480 729.14
6	30		结转竣工工程成本	6 811 600.00	2 698 400.00	729 202.66	314 200.00	351 777.89	10 905 180.55
6	30		月末余额	369 997.00	128 040.00	38 193.66	19 250.00	20 067.93	575 548.59

工程施工三级明细账

开工日期：2022年3月1日
竣工日期：2023年6月30日

账户名称：商品房工程合同成本　　　　　　　　　　　　　　　　　　　单位：元

| 2023年 | | 凭证号数 | 摘要 | 材料费 | 人工费 | 机械使用费 | 其他直接费 | 间接费用 | 合计 |
月	日								
6	1		月初余额	6 180 106.00	2 448 140.00	656 974.00	281 080.00	316 104.00	9 882 404.00
	30		耗用材料计划成本	630 000.00					630 000.00
		略	调整材料成本差异	7 400.00					7 400.00
			摊销周转材料	8 894.00					8 894.00
			分配职工工资		172 000.00				172 000.00
			分配其他人工费用		78 260.00				78 260.00
			分配机械使用费			56 932.66			56 932.66
			支付机械设备租赁费			15 296.00			15 296.00
			分配其他直接费				33 120.00		33 120.00
			分配间接费用					35 673.89	35 673.89
6	30		本月施工费用合计	631 494.00	250 260.00	72 228.66	33 120.00	35 673.89	1 022 776.55
6	30		施工费用合计	6 811 600.00	2 698 400.00	729 202.66	314 200.00	351 777.89	10 905 180.55
6	30		结转竣工工程成本	6 811 600.00	2 698 400.00	729 202.66	314 200.00	351 777.89	10 905 180.55
6	30		期末余额						-0-

工程施工三级明细账

开工日期：2023 年 6 月 1 日
竣工日期：

账户名称：商务楼工程合同成本　　　　　　　　　　　　　　　　　　　　　　　单位：元

| 2023年 | | 凭证号数 | 摘要 | 材料费 | 人工费 | 机械使用费 | 其他直接费 | 间接费用 | 合计 |
月	日								
6	30	略	耗用材料计划成本	370 000.00					370 000.00
			调整材料成本差异	4 360.00					4 360.00
			摊销周转材料	4 357.00					4 357.00
			分配职工工资		88 000.00				88 000.00
			分配其他人工费用		40 040.00				40 040.00
			分配机械使用费			24 809.66			24 809.66
			支付机械设备租赁费			13 384.00			13 384.00
			分配其他直接费				19 250.00		19 250.00
			分配间接费用					20 067.93	20 067.93
6	30		本月施工费用合计	369 997.00	128 040.00	38 193.66	19 250.00	20 067.93	575 548.59
6	30		月末余额	369 997.00	128 040.00	38 193.66	19 250.00	20 067.93	575 548.59

（二）编制会计分录。

会 计 分 录

单位：元

| 2023年 | | 凭证号数 | 摘要 | 科目及子细目 | 借方金额 | 贷方金额 |
月	日					
6	30	略	商品房工程竣工验收合格予以转账	工程结算	12 710 180.55	
				工程施工——商品房工程合同成本——材料费		6 811 600.00
				工程施工——商品房工程合同成本——人工费		2 698 400.00
				工程施工——商品房工程合同成本——机械使用费		729 202.66
				工程施工——商品房工程合同成本——其他直接费		314 200.00
				工程施工——商品房工程合同成本——间接费用		351 777.89
				工程施工——商品房工程合同毛利		1 805 000.00

（三）编制商品房工程"竣工工程成本决算表"。

竣工工程成本决算表

工程名称：商品工程　　　　　　　　　　　　　　　　　　　开工日期：2022 年 3 月 1 日
建筑面积：3 750 m²　　　　　　　　　　　　　　　　　　　竣工日期：2023 年 6 月 30 日
单位造价：2 908.05 元/m²　　　　　　　　　　　　　　　　　　　　　　　　单位：元

项　目	预算成本	实际成本	降低额	降低率/%
材料费	6 909 000.00	6 811 600.00	97 400.00	1.41
人工费	2 721 000.00	2 698 400.00	22 600.00	0.83
机械使用费	719 500.00	729 202.66	-9 702.66	-1.35
其他直接费	305 000.00	314 200.00	-9 200.00	-3.02

续表

项 目	预算成本	实际成本	降低额	降低率/%
直接费用合计	10 654 500.00	10 553 402.66	101 097.34	0.95
间接费用	351 750.00	351 777.89	27.89	0
工程成本合计	11 006 250.00	10 905 180.55	101 069.45	0.92
单位成本	2 935.00	2 908.05	26.95	0.92

习题六 练习期间费用的核算

会 计 分 录

单位：元

2023年		凭证号数	摘 要	科目及子细目	借方金额	贷方金额
月	日					
1	2	1	公司经理预支差旅费	其他应收款——公司经理	2 000.00	
				库存现金		2 000.00
	3	2	支付本年度财产保险费	待摊费用——保险费	37 500.00	
				银行存款		37 500.00
	7	3	公司经理报销差旅费	库存现金	50.00	
				管理费用——差旅费	1 950.00	
				其他应收款——公司经理		2 000.00
	10	4-1	领用办公桌1张	低值易耗品——在用低值易耗品	1 000.00	
				低值易耗品——在库低值易耗品		1 000.00
		4-2	办公桌按五五摊销法摊销	管理费用——低值易耗品摊销	500.00	
				低值易耗品——低值易耗品摊销		500.00
	14	5	支付招待客户费用	管理费用——业务招待费	1 080.00	
				库存现金		1 080.00
	15	6	提现	库存现金	36 400.00	
				银行存款		36 400.00
	15	7	发放职工薪酬	应付职工薪酬——工资	45 000.00	
				库存现金		36 400.00
				其他应付款——住房公积金		3 150.00
				其他应付款——养老保险费		3 600.00
				其他应付款——医疗保险费		900.00
				其他应付款——失业保险费		450.00
				应交税费——应交个人所得税		500.00
	18	8	计提本月固定资产折旧费	管理费用——折旧费	1 786.00	
				累计折旧		1 786.00
	21	9	摊销本月负担的财产保险费	管理费用——保险费	3 125.00	
				待摊费用——保险费		3 125.00

续表

2023年		凭证号数	摘要	科目及子细目	借方金额	贷方金额
月	日					
1	25	10	分配本月行改管理人员职工薪酬	管理费用——管理人员职工薪酬	45 000.00	
				应付职工薪酬——工资		45 000.00
	28	11	计提职工福利、工会经费、职工教育经费、养老保险费、失业保险费和住房公积金	管理费用——管理人员职工薪酬	20 475.00	
				应付职工薪酬——职工福利		6 300.00
				应付职工薪酬——工会经费		900.00
				应付职工薪酬——职工教育经费		675.00
				应付职工薪酬——养老保险费		9 450.00
				应付职工薪酬——住房公积金		3 150.00
	30	12	支付办理转账结算的手续费	财务费用——手续费	360.00	
				银行存款		360.00
	31	13	计提本月短期借款利息	财务费用——利息支出	5 916.00	
				应付利息		5 916.000
3	31	14	支付本季度短期借款利息	应付利息	11 844.00	
				财务费用——利息支出	5 976.00	
				银行存款		17 820.00

第十一章 收 入

一、简答题（略）

二、名词解释题（略）

三、是非题

1. √ 2. × 3. × 4. √ 5. √ 6. × 7. × 8. √ 9. × 10. √

四、单项选择题

1. B 2. D 3. A 4. B 5. C

五、多项选择题

1. ABD 2. ABCD 3. ACD 4. BC 5. BCD

六、实务题

习题一 练习完工百分比法的运用

（一）用累计实际发生的合同成本占合同预计总成本比例法确认建造合同完工进度。

第一年建造合同完工进度 = $\dfrac{1\,480}{3\,900} \times 100\% = 37.95\%$

第二年建造合同完工进度 = $\dfrac{2\,980}{3\,900} \times 100\% = 76.41\%$

（二）用已经完成的合同工作量占合同预计总工作量比例法确定建造合同完工进度，并确认与计量各年的合同收入、合同毛利和合同费用。

第一年建造合同完工进度 = $\dfrac{138}{360} \times 100\% = 38.33\%$

第二年建造合同完工进度 = $\dfrac{138+150}{360} \times 100\% = 80\%$

确认与计量 2021 年的合同收入 = 11 160 × 38.33% = 4 277.63（万元）
确认与计量 2021 年的合同毛利 =（11 160-10 044）×38.33% = 427.76（万元）
确认与计量 2021 年的合同费用 = 4 277.63-427.76 = 3 849.87（万元）
确认与计量 2022 年的合同收入 = 11 160×80%-4 277.63 = 4 650.37（万元）
确认与计量 2022 年的合同毛利 =（11 160-10 044）×80%-427.76 = 465.04（万元）
确认与计量 2022 年的合同费用 = 4 650.37-465.04 = 4 185.33（万元）

确认与计量 2023 年合同收入＝11 160－4 277.63－4 650.37＝2 232（万元）

确认与计量 2023 年合同毛利＝11 160－10 032－427.76－465.04＝235.20（万元）

确认与计量 2023 年合同费用＝2 232－235.20＝1 996.80（万元）

习题二　练习建造合同收入的核算

（一）用完工百分比法确认合同收入、合同毛利和合同费用，并编制会计分录。

1. 申光建筑公司

2021 年 12 月 31 日，确认与计量 2021 年的合同收入、合同毛利和合同费用

合同完工进度＝$\dfrac{14\ 742\ 000}{40\ 950\ 000}$×100%＝36%

合同收入＝45 000 000×36%＝16 200 000（元）

合同毛利＝（45 000 000－40 950 000）×36%＝1 458 000（元）

合同费用＝16 200 000－1 458 000＝14 742 000（元）

借：应收账款	1 458 000.00
主营业务成本——商品房工程	14 742 000.00
工程施工——商品房工程合同毛利	1 458 000.00
贷：主营业务收入——商品房工程	16 200 000.00
应交税费——应交增值税——销项税额	1 458 000.00

2022 年 12 月 31 日，确认与计量 2022 年的合同收入、合同毛利和合同费用

合同完工进度＝$\dfrac{15\ 561\ 000}{40\ 950\ 000}$×100%＝38%

合同收入＝45 000 000×38%－16 200 000＝900 000（元）

合同毛利＝（45 000 000－40 950 000）×38%－1 458 000＝81 000（元）

合同费用＝900 000－81 000＝819 000（元）

借：应收账款	81 000.00
主营业务成本——商品房工程	819 000.00
工程施工——商品房工程合同毛利	81 000.00
贷：主营业务收入——商品房工程	900 000.00
应交税费——应交增值税——销项税额	81 000.00

2023 年 7 月 21 日，确认与计量 2023 年的合同收入、合同毛利和合同费用

合同收入＝45 000 000－16 200 000－900 000＝27 900 000（元）

合同毛利＝45 000 000－40 760 000－1 458 000－81 000＝2 701 000（元）

合同费用＝27 900 000－2 701 000＝25 199 000（元）

借：应收账款	2 511 000.00
主营业务成本——商品房工程	25 199 000.00
工程施工——商品房工程合同毛利	2 701 000.00
贷：主营业务收入——商品房工程	27 900 000.00
应交税费——应交增值税——销项税额	2 511 000.00

2023 年 7 月 20 日，公司竣工的商品房工程已验收合格，予以转账

借：工程结算——商品房工程　　　　　　　　　　　　　　45 000 000.00
　　贷：工程施工——商品房工程合同成本　　　　　　　　40 760 000.00
　　　　工程施工——商品房工程合同毛利　　　　　　　　 4 240 000.00

2. 文昌建筑公司

2021年12月31日，确认与计量2021年的合同收入、合同毛利和合同费用。

合同完工进度 = $\dfrac{4\,088\,700}{11\,550\,000} \times 100\% = 35.4\%$

合同收入 = 11 400 000×35.4% = 4 035 600（元）

合同毛利 =（11 400 000-11 550 000）×35.4% = -53 100（元）

合同费用 = 4 035 600-（-53 100）= 4 088 700（元）

借：应收账款　　　　　　　　　　　　　　　　　　　　　　363 204.00
　　主营业务成本——保障房工程　　　　　　　　　　　 4 088 700.00
　　贷：主营业务收入——保障房工程　　　　　　　　　　4 035 600.00
　　　　应交税费——应交增值税——销项税额　　　　　　 363 204.00
　　　　工程施工——保障房工程合同毛利　　　　　　　　　 53 100.00

2021年12月31日，根据上题资料确认并计量合同损失。

预计合同损失 =（11 550 000-11 400 000）×（1-35.4%）= 96 900（元）

借：资产减值损失——预计合同损失　　　　　　　　　　　　96 900.00
　　贷：存货跌价准备——预计合同损失准备　　　　　　　　96 900.00

2022年12月31日，确认与计量2022年的合同收入、合同毛利和合同费用。

合同完工进度 = $\dfrac{8\,558\,550}{11\,550\,000} \times 100\% = 74.10\%$

合同收入 = 11 400 000×74.1%-4 035 600 = 4 411 800（元）

合同毛利 =（11 400 000-11 550 000）×74.1%-（-53 100）
　　　　　 = -58 050（元）

合同费用 = 4 411 800-（-58 050）= 4 469 850（元）

借：应收账款　　　　　　　　　　　　　　　　　　　　　　397 062.00
　　主营业务成本——保障房工程　　　　　　　　　　　 4 469 850.00
　　贷：主营业务收入——保障房工程　　　　　　　　　　4 411 800.00
　　　　应交税费——应交增值税——销项税额　　　　　　 397 062.00
　　　　工程施工——保障房工程合同毛利　　　　　　　　　 58 050.00

2022年12月31日，相应转销已计提的预计损失准备。

预计合同损失 =（11 550 000-11 400 000）×（1-74.1%）= 38 850（元）

借：存货跌价准备——预计合同损失准备　　　　　　　　　　58 050.00
　　贷：主营业务成本——保障房工程　　　　　　　　　　　58 050.00

2023年7月20日，确认与计量2023年的合同收入、合同毛利和合同费用。

合同收入 = 11 400 000-4 035 600-4 411 800 = 2 952 600（元）

合同毛利 = 11 400 000-11 520 000-（-53 100）-（-58 050）= -8 850（元）

合同费用 = 2 952 600-（-8 850）= 2 961 450（元）

借：应收账款 265 734.00
　　主营业务成本——保障房工程 2 961 450.00
　　贷：主营业务收入——保障房工程 2 952 600.00
　　　　应交税费——应交增值税——销项税额 265 734.00
　　　　工程施工——保障房工程合同毛利 8 850.00

2023 年 7 月 21 日，转销已计提的预计合同损失准备
借：存货跌价准备——预计合同损失准备 38 850.00
　　贷：主营业务成本——保障房工程 38 850.00

2023 年 7 月 25 日，公司竣工的保障房已验收合格，予以转账
借：工程结算——保障房工程 11 400 000.00
　　工程施工——保障房工程合同毛利 120 000.00
　　贷：工程施工——保障房工程合同成本 11 520 000.00

（二）不采用完工百分比法编制会计分录。

会 计 分 录

单位：元

2021年		凭证号数	摘　要	科目及子细目	借方金额	贷方金额
月	日					
12	31	1	确认隧道工程合同收入与成本	应收账款 主营业务成本——隧道工程 　　主营业务收入——隧道工程 　　应交税费——应交增值税——销项税额	293 940.00 3 266 000.00	 3 266 000.00 293 940.00
2022年		2	确认隧道工程合同收入与成本	应收账款 主营业务成本——隧道工程 　　主营业务收入——隧道工程 　　应交税费——应交增值税——销项税额	540 180.00 6 002 000.00	 6 002 000.00 540 180.00
12	31					
2023年		3	承建隧道竣工，确认与计量合同收入、合同毛利和合同费用	应收账款 主营业务成本——隧道工程 工程施工——隧道工程合同毛利 　　主营业务收入——隧道工程 　　应交税费——应交增值税——销项税额	515 880.00 4 344 000.00 1 388 000.00	 5 732 000.00 515 880.00
7	20					
7	25	4	竣工的隧道已验收合格予以转账	工程结算——隧道工程 　　工程施工——隧道工程合同成本 　　工程施工——隧道工程合同毛利	15 000 000.00	 13 612 000.00 1 388 000.00

习题三　练习工程价款结算的核算

会 计 分 录

单位：元

2021年		凭证号数	摘　要	科目及子细目	借方金额	贷方金额
月	日					
7	25	1	预收建造商品房工程款	银行存款 　　预收账款——长安房地产公司	6 900 000.00	 6 900 000.00

续表

2021年		凭证号数	摘要	科目及子细目	借方金额	贷方金额
月	日					
8	31	2	办理结算工程价款及增值税	预收账款——长安房地产公司	274 200.00	
				应收账款——长安房地产公司	2 216 450.00	
				工程结算——长安房地产公司		2 285 000.00
				应交税费——应交增值税——销项税额		205 650.00
9	5	3	收到商品房工程价款及增值税	银行存款	2 216 450.00	
				应收账款——长安房地产公司		2 216 450.00
	30	4	办理结算工程价款及增值税	预收账款——长安房地产公司	277 200.00	
				应收账款——长安房地产公司	2 240 700.00	
				工程结算——长安房地产公司		2 310 000.00
				应交税费——应交增值税——销项税额		207 900.00
2022年		5	收到商品房工程价款及增值税	银行存款	2 240 700.00	
10	6			应收账款——长安房地产公司		2 240 700.00
2023年		6	办理结算工程价款的清算	预收账款——长安房地产公司	255 120.00	
7	20			应收账款——长安房地产公司	2 062 220.00	
				工程结算——长安房地产公司		2 126 000.00
				应交税费——应交增值税——销项税额		191 340.00

习题四　练习其他业务收入的核算

会　计　分　录

单位：元

2023年		凭证号数	摘要	科目及子细目	借方金额	贷方金额
月	日					
9	9	1	销售空心板，款项尚未收到	应收账款——绍兴建筑公司	86 445.00	
				其他业务收入——产品销售收入		76 500.00
				应交税费——应交增值税——销项税额		9 945.00
	15	2	销售空心板，款项收到当即存入银行	银行存款	57 630.00	
				其他业务收入——产品销售收入		51 000.00
				应交税费——应交增值税——销项税额		6 630.00
	25	3	收到挖掘土方款及增值税	银行存款	43 110.00	
				其他业务收入——提供劳务收入		39 000.00
				应交税费——应交增值税——销项税额		3 510.00
	29	4	收到本月出租载重汽车租金及增值税	银行存款	8 814.00	
				其他业务收入——让渡资产使用权收入		7 800.00
				应交税费——应交增值税——销项税额		1 014.00
	30	5	结转本月出售空心板的销售成本	其他业务成本——产品销售成本	109 800.00	
				库存商品		109 800.00
	30	6	分摊挖掘土方成本	其他业务成本——提供劳务成本	33 600.00	
				机械作业		33 600.00
	30	7	计提本月出租载重汽车的折旧费	其他业务成本——让渡资产使用权成本	6 000.00	
				累计折旧		6 000.00

第十二章 税金和利润

一、简答题（略）

二、名词解释题（略）

三、是非题

1. × 2. √ 3. × 4. √ 5. × 6. × 7. ×

四、单项选择题

1. A 2. C 3. B

五、多项选择题

1. ACD 2. ACD 3. ABD 4. ABC 5. AD 6. ABC

六、实务题

习题一 练习税金和教育费附加的核算

会 计 分 录

单位：元

2023年		凭证号数	摘要	科目及子细目	借方金额	贷方金额
月	日					
2	28	1	将应交的增值税入账	应交税费——应交增值税——转出未交增值税	89 800.00	
				应交税费——未交增值税——转入未交增值税		89 800.00
	28	2	计提城市维护建设税	税金及附加	6 286.00	
				应交税费——应交城市维护建设税		6 286.00
	28	3	计提教育费附加	税金及附加	2 694.00	
				应交税费——教育费附加		2 694.00
	28	4	计提应交房产税、城镇土地使用税和车船税	税金及附加	3 364.00	
				应交税费——应交房产税		1 584.00
				应交税费——应交城镇土地使用税		1 500.00
				应交税费——应交车船税		280.00
	28	5	结转税金及附加	本年利润	12 344.00	
				税金及附加		12 344.00

续表

2023年		凭证号数	摘要	科目及子细目	借方金额	贷方金额
月	日					
3	5	6	交纳各种税费	应交税费——未交增值税——转入未交增值税	89 800.00	
				应交税费——应交城市维护建设税	6 286.00	
				应交税费——教育费附加	2 694.00	
				应交税费——应交房产税	1 584.00	
				应交税费——应交城镇土地使用税	1 500.00	
				应交税费——应交车船税	280.00	
				银行存款		102 144.00

习题二　练习利润总额的核算

（一）编制分录。

会　计　分　录

单位：元

2023年		凭证号数	摘要	科目及子细目	借方金额	贷方金额
月	日					
1	31	1	计提短期借款利息	财务费用——利息支出	3 923.00	
				应付利息		3 923.00
		2	摊销保险费	管理费用——保险费	600.00	
				待摊费用——保险费		600.00
		3	将应交的增值税入账	应交税费——应交增值税——转出未交增值税	71 200.00	
				应交税费——未交增值税——转入未交增值税		71 200.00
		4	计提城市维护建设税和教育费附加	税金及附加	7 120.00	
				应交税费——应交城市维护建设税		4 984.90
				应交税费——教育费附加		2 136.00
		5	损益类贷方余额账户结转本年利润	主营业务收入	1 250 000.00	
				其他业务收入	19 000.00	
				投资收益	2 800.00	
				公允价值变动损益	2 000.00	
				营业外收入	1 800.00	
				本年利润		1 275 600.00
		6	损益类借方余额账户结转本年利润	本年利润	1 193 910.00	
				主营业务成本		1 092 000.00
				其他业务成本		14 100.00
				税金及附加		7 120.00
				管理费用		72 100.00
				财务费用		4 200.00
				信用减值损失		720.00
				资产减值损失		640.00
				资产处置损益		460.00
				营业外支出		2 570.00

(二) 登记"本年利润"账户。

本 年 利 润

单位：元

2023 年		凭证号数	摘　要	借　方	贷　方	借或贷	余　额
月	日						
1	31	5	主营业务收入转入		1 250 000.00		
			其他业务收入转入		19 000.00		
			投资收益转入		2 800.00		
			公允价值变动损益转入		2 000.00		
			营业外收入转入		1 800.00		
		6	主营业务成本转入	1 092 000.00			
			其他业务成本转入	14 100.00			
			税金及附加转入	7 120.00			
			管理费用转入	72 100.00			
			财务费用转入	4 200.00			
			信用减值损失转入	720.00			
			资产减值损失转入	640.00			
			资产处置损益转入	460.00			
			营业外支出转入	2 570.00		贷	81 690.00

习题三　练习所得税费用的核算

第一年：

本期所得税额 =（750 000+23 000×40%-12 000+5 570+4 080+81 000-120 000）×25% =
　　　　　　179 462.50（元）

递延所得税负债 = 120 000×25% = 30 000（元）

递延所得税资产 =（5 570+4 080+81 000）×25% = 22 662.50（元）

所得税费用 = 179 462.50+30 000-22 662.50 = 186 800（元）

1. 根据计算的结果，确认本年度所得税费用。

借：所得税费用　　　　　　　　　　　　　　　　　　　186 800.00
　　递延所得税资产　　　　　　　　　　　　　　　　　　22 662.50
　　　贷：应交税费——应交所得税　　　　　　　　　　　179 462.50
　　　　　递延所得税负债　　　　　　　　　　　　　　　 30 000.00

2. 将所得税费用结转"本年利润"账户。

借：本年利润　　　　　　　　　　　　　　　　　　　　186 800.00
　　贷：所得税费用　　　　　　　　　　　　　　　　　　186 800.00

第二年：

本期所得税额 =［810 000+24 800×40%-15 000+5 710+5 090-（120 000-12 000）］×
　　　　　　25% = 176 930（元）

递延所得税负债 =（120 000-12 000）×25% = 27 000（元）

递延所得税资产 =（5 710+5 090）×25% = 2 700（元）

1. 根据计算的结果，确认本年度所得税费用。

借：所得税费用（176 930-3 000+19 962.50）　　　　　　193 892.50
　　递延所得税负债（27 000-30 000）　　　　　　　　　 3 000.00
　　　贷：应交税费——应交所得税　　　　　　　　　　 1 176 930.00

递延所得税资产（2 700-22 662.50） 19 962.50

2. 将所得税费用结转"本年利润"账户。

借：本年利润 193 892.50
　　贷：所得税费用 193 892.50

习题四　练习利润的核算

会计分录　　　　　　　　　　　　　　　　　　　单位：元

| 2023年 | | 凭证号数 | 摘要 | 科目及子细目 | 借方金额 | 贷方金额 |
月	日					
11	30	1	将损益类贷方余额账户结转本年利润	主营业务收入	1 186 800.00	
				其他业务收入	19 200.00	
				投资收益	3 120.00	
				公允价值变动损益	1 800.00	
				营业外收入	1 680.00	
				本年利润		1 212 600.00
	30	2	将损益类借方余额账户结转本年利润	本年利润	1 154 500.00	
				主营业务成本		1 052 000.00
				其他业务成本		12 500.00
				税金及附加		14 798.00
				管理费用		67 602.00
				财务费用		3 690.00
				信用减值损失		600.00
				资产减值损失		1 080.00
				营业外支出		2 230.00
	30	3	确认所得税费用	所得税费用	14 525.00	
				应交税费——应交所得税		14 525.00
	30	4	将所得税费用结转本年利润	本年利润	14 525.00	
				所得税费用		14 525.00
12	10	5	交纳上月确认的所得税额	应交税费——应交所得税	14 525.00	
				银行存款		14 525.00
	25	6	预交本月份所得税额	应交税费——应交所得税	16 500.00	
				银行存款		16 500.00
	31	7	清算本年度所得税	所得税费用	37 580.00	
				递延所得税负债	2 950.00	
				应交税费——应交所得税		16 650.00
				递延所得税资产		23 880.00
12	31	8	将所得税费用结转本年利润	本年利润	37 580.00	
				所得税费用		37 580.00
2023年		9	清缴上年度所得税	应交税费——应交所得税	150.00	
1	12			银行存款		150.00

清算本年度所得税算式：
本年所得税额＝[788 000＋23 500×40%－9 000＋3 760＋7 840－
(118 000－82 600)]×25%＝191 150（元）
本月所得税额＝191 150－174 500＝16 650（元）
递延所得税负债＝(118 000－82 600)×25%＝8 850（元）
递延所得税资产＝(3 760＋7 840)×25%＝2 900（元）

习题五　练习利润分配的核算

（一）宏兴建筑公司会计分录。

会 计 分 录　　　　　　　　　　　　　　　　　　单位：元

2022年		凭证号数	摘要	科目及子细目	借方金额	贷方金额
月	日					
12	31	1	计提法定盈余公积和任意盈余公积	利润分配——提取法定盈余公积	550 000.00	
				利润分配——提取任意盈余公积	440 000.00	
				盈余公积——法定盈余公积		550 000.00
				盈余公积——任意盈余公积		440 000.00
		2	分配给投资者利润	利润分配——应付现金股利或利润	3 850 000.00	
				应付股利——光明公司		2 310 000.00
				应付股利——武昌公司		1 540 000.00
2023年		3	支付给投资者利润	应付股利——光明公司	2 310 000.00	
1	18			应付股利——武昌公司	1 540 000.00	
				银行存款		3 850 000.00

（二）恒安建筑股份有限公司会计分录。

会 计 分 录　　　　　　　　　　　　　　　　　　单位：元

2022年		凭证号数	摘要	科目及子细目	借方金额	贷方金额
月	日					
12	31	1	计提法定盈余公积	利润分配——提取法定盈余公积	366 000.00	
				盈余公积		366 000.00
	31	2	计提任意盈余公积	利润分配——提取任意盈余公积	219 600.00	
				盈余公积		219 600.00
2023年		3	宣告发放现金股利	利润分配——应付现金股利或利润	1 800 000.00	
3	10			应付股利		1 800 000.00
	24	4	向普通股股东分派股票股利	利润分配——转作股本的股利	1 500 000.00	
				股本——普通股		1 500 000.00
	24	5	分配现金股利	应付股利	1 800 000.00	
				银行存款		1 800 000.00

第十三章 财 务 报 告

一、简答题（略）

二、名词解释题（略）

三、是非题

1. √ 2. × 3. √ 4. × 5. × 6. √ 7. × 8. × 9. × 10. √ 11. × 12. ×

四、单项选择题

1. B 2. B 3. A 4. D 5. D

五、多项选择题

1. ABCD 2. ACD 3. BD 4. AB 5. ACD 6. ACD 7. ACD 8. ABC 9. BCD

六、实务题

习题一　练习财务报表的编制

（一）编制资产负债表。

资产负债表

会企01表

编制单位：东方建筑公司　　　　2023年12月31日　　　　　　　　　　　单位：元

资产	行次	期末余额	年初余额	负债和所有者权益（或股东权益）	行次	期末余额	年初余额
流动资产：				流动负债：			
货币资金	1	219 200.00	206 120.00	短期借款	41	335 000.00	318 000.00
交易性金融资产	2	140 000.00	132 000.00	交易性金融负债	42		
应收票据	3	30 000.00	28 500.00	应付票据	43	19 900.00	18 900.00
应收账款	4	779 090.00	742 200.00	应付账款	44	214 760.00	204 010.00
预付款项	5	66 800.00	63 200.00	预收款项	45	258 900.00	246 660.00
其他应收款	6	23 100.00	21 880.00	应付职工薪酬	46	84 600.00	80 370.00
存货	8	1 255 180.00	1 201 650.00	应交税费	47	50 790.00	48 250.00

第十三章 财务报告

续表

资产	行次	期末余额	年初余额	负债和所有者权益（或股东权益）	行次	期末余额	年初余额
一年内到期的流动资产	9	81 000.00	72 000.00	其他应付款	48	326 070.00	308 372.00
其他流动资产	10	49 200.00	46 740.00	一年内到期的非流动负债	49	47 500.00	43 500.00
流动资产合计	20	2 643 570.00	2 514 290.00	其他流动负债	51		
非流动资产				流动负债合计	55	1 337 520.00	1 268 062.00
债权投资	21			非流动负债：			
其他债权投资	22	116 600.00	116 000.00	长期借款	56	160 000.00	160 000.00
长期应收款	23			应付债券	57	402 500.00	376 500.00
长期股权投资	24			长期应付款	58		
其他权益工具投资	25			预计负债	59		
投资性房地产	26			递延收益	60		
固定资产	27	2 570 220.00	2 476 870.00	递延所得税负债	61	13 680.00	15 180.00
在建工程	28	60 000.00	47 500.00	其他非流动负债	62		
无形资产	29	80 000.00	90 000.00	非流动负债合计	69	576 180.00	551 680.00
开发支出	30			负债合计	70	1 913 700.00	1 819 742.00
商誉	31			所有者权益(或股东权益)			
长期待摊费用	32	40 000.00	48 000.00	实收资本（或股本）	71	3 260 000.00	3 100 000.00
递延所得税资产	33	3 900.00	4 500.00	资本公积	72	19 800.00	179 800.00
其他非流动资产	34			减：库存股	73		
非流动资产合计	39	2 870 720.00	2 782 870.00	其他综合收益	74		
				盈余公积	75	184 800.00	105 618.00
				未分配利润	76	135 990.00	92 000.00
				所有者权益（或股东权益）合计	79	3 600 590.00	3 477 418.00
资产总计	40	5 514 290.00	5 297 160.00	负债和所有者权益（或股东权益）总计	80	5 514 290.00	5 297 160.00

（二）编制利润表。

利 润 表

2023 年 12 月

编制单位：东方建筑公司

会企 02 表

单位：元

项目	行次	本月金额	本年累计金额
一、营业收入	1	1 255 000.00	11 675 000.00
减：营业成本	2	1 080 800.00	10 055 400.00

续表

项目	行次	本月金额	本年累计金额
税金及附加	3	41 415.00	385 275.00
管理费用	4	51 400.00	612 700.00
研发费用	5		
财务费用	6	3 240.00	38 100.00
其中：利息费用	7	3 480.00	40 620.00
利息收入	8	240.00	2 520.00
加：其他收益	9		
投资收益（损失以"-"号填列）	10	5 180.00	14 440.00
公允价值变动收益（损失以"-"号填列）	11	410.00	1 850.00
信用减值损失（损失以"-"号填列）	12	-1 120.00	-4 210.00
资产减值损失（损失以"-"号填列）	13	-2 205.00	-8 705.00
资产处置收益（损失以"-"号填列）	14		
二、营业利润（亏损以"-"号填列）	15	80 410.00	586 900.00
加：营业外收入	16	2 850.00	9 000.00
减：营业外支出	17	4 060.00	10 900.00
三、利润总额（亏损总额以"-"号填列）	18	79 200.00	585 000.00
减：所得税费用	19	18 650.00	145 100.00
四、净利润（净亏损以"-"号填列）	20	60 550.00	439 900.00
五、其他综合收益的税后净额	21		
（一）不能重分类进损益的其他综合收益	22		
1. 重新计量设定受益计划变动额	23		
2. 权益法下不能转损益的其他综合收益	24		
……			
（二）将重分类进损益的其他综合收益	28		
1. 权益法下可能损益的其他综合收益	29		
2. 其他债权投资公允价值变动	30		
3. 金融资产重分类计入其他综合收益的金额	31		
……			
六、综合收益总额	35	60 550.00	43 990.00
七、每股收益：			
（一）基本每股收益	37		
（二）稀释每股收益	38		

(三) 编制现金流量表。

现 金 流 量

编制单位：东方建筑公司　　　　　　　　2023 年度　　　　　　　　会企 03 表　　单位：元

项　目	行次	本年实际金额
一、经营活动产生的现金流量：		
销售商品、提供劳务收到的现金	1	11 644 640.00
收到的税费返还	3	
收到其他与经营活动有关的现金	8	1 390.00
经营活动现金流入小计	9	11 646 030.00
购买商品、接受劳务支付的现金	10	7 495 530.00
支付给职工以及为职工支付的现金	12	2 445 370.00
支付的各项税费	13	562 935.00
支付其他与经营活动有关的现金	18	355 330.00
经营活动现金流出小计	20	10 859 165.00
经营活动产生的现金流量净额	21	786 865.00
二、投资活动产生的现金流量：		
收回投资收到的现金	22	126 000.00
取得投资收益收到的现金	23	13 890.00
处置固定资产、无形资产和其他长期资产收回的现金净额	25	40 315.00
处置子公司及其他营业单位收到的现金净额	26	
收到其他与投资活动有关的现金	28	
投资活动现金流入小计	29	180 205.00
购建固定资产、无形资产和其他长期资产支付的现金	30	526 910.00
投资支付的现金	31	135 600.00
取得子公司及其他营业单位支付的现金净额	32	
支付其他与投资活动有关的现金	35	
投资活动现金流出小计	36	662 510.00
投资活动产生的现金流量净额	37	-482 305.00
三、筹资活动产生的现金流量：		
吸收投资收到的现金	38	70 000.00
取得借款收到的现金	40	335 000.00
收到其他与筹资活动有关的现金	43	

续表

项 目	行次	本年实际金额
筹资活动现金流入小计	44	405 000.00
偿还债务支付的现金	45	359 000.00
分配收到、利润或偿付利息支付的现金	46	331 360.00
支付其他与筹资活动有关的现金	52	120.00
筹资活动现金流出小计	53	690 480.00
筹资活动产生的现金流量净额	54	-285 480.00
四、汇率变动对现金及现金等价物的影响	55	
五、现金及现金等价物净增加额	56	19 080.00
加：期初现金及现金等价物余额	57	250 120.00
六、期末现金及现金等价物余额	58	269 200.00
补 充 资 料	行次	本年金额
1. 将净利润调节为经营活动现金流量：		
净利润	59	439 900.00
加：资产减值准备	60	12 915.00
固定资产折旧	61	378 000.00
无形资产摊销	62	10 000.00
长期待摊费用摊销	63	8 000.00
处置固定资产、无形资产和其他长期资产的损失（收益以"-"号填列）	64	860.00
固定资产报废损失	65	
公允价值变动损失（收益以"-"号填列）	66	-1 850.00
财务费用	67	35 220.00
投资损失（收益以"-"号填列）	68	-14 440.00
递延所得税资产减少（增加以"-"号填列）	69	600.00
递延所得税负债增加（减少以"-"号填列）	70	-1 500.00
存货的减少（增加以"-"号填列）	71	-53 530.00
经营性应收项目的减少（增加以"-"号填列）	72	-47 020.00
经营性应付项目的增加（减少以"-"号填列）	73	22 170.00
其他	74	-2 460.00
经营活动产生的现金流量净额	75	786 865.00

第十三章 财务报告

续表

补 充 资 料	行次	本年金额
2. 不涉及现金收支的投资和筹资活动：		
债务转为资本	76	
一年内到期的可转换公司债券	77	
融资租入固定资产	78	
3. 现金及现金等价物净增加情况：		
现金的期末余额	79	219 200.00
减：现金的期初余额	80	206 120.00
加：现金等价物的期末余额	81	50 000.00
减：现金等价物的期初余额	82	44 000.00
现金及现金等价物净增加额	83	19 080.00

现金流量表有关行次金额的具体计算如下：

行次 1 = 11 675 000+28 500+742 200+258 900−30 000−779 090−246 660−4 210 = 11 644 640（元）

行次 8 = 6 660+9 800−15 070 = 1 390（元）

行次 10 = 10 055 400+14 280+8 590+1 255 180−1 201 650+18 900+204 010+66 800− 19 900−214 760−63 200+3 320−273 300−82 000−2 230 000−8 000−38 140 = 7 495 530（元）

行次 13 = 385 275+145 100+34 200+48 250+15 180+3 900−50 790−13 680−4 500 = 562 935（元）

行次 18 = 612 700+38 100+10 900−219 600−22 700−14 280−8 590−34 200−10 000−8 600− 35 100−120−3 200+49 200+17 220−16 400 = 355 330（元）

行次 22 = 120 000−54 000+64 000−4 000 = 126 000（元）

行次 23 = 1 850+14 440+6 600+4 000−7 000−6 000 = 13 890（元）

行次 25 = 42 295−1 980 = 40 315（元）

行次 30 = 416 430+96 000+12 500+5 480−3 500 = 526 910（元）

行次 31 = 128 000+73 600−60 000−6 000 = 135 600（元）

行次 38 = 73 500−3 500 = 70 000（元）

行次 45 = 318 000+43 500−2 500 = 359 000（元）

行次 46 = 293 760+35 100+3 500+2 500−3 500 = 331 360（元）

行次 72 = 28 500+742 200+63 200+15 280−30 000−779 090−66 800−16 100−4 210 = −47 020（元）

行次 73 = 19 900+214 760+258 900+84 600+50 790+9 342−18 900−204 010−246 660− 80 370−48 250−14 612−3 320 = 22 170（元）

（四）编制所有者权益变动表。

编制单位：东方建筑公司　　　　　所有者权益变动表　　　　　会企04表
　　　　　　　　　　　　　　　　　　2023年度　　　　　　　　　　单位：元

项目	行次	本年金额							上年金额						
		实收资本（或股本）	资本公积	库存股（减项）	其他综合收益	盈余公积	未分配利润	所有者权益合计	实收资本（或股本）	资本公积	库存股（减项）	其他综合收益	盈余公积	未分配利润	所有者权益合计
一、上年末余额		3 100 000.00	179 800.00			105 618.00	92 000.00	3 477 418.00	2 850 000.00	179 800.00			32 178.00	51 200.00	3 113 178.00
加：会计政策变更															
前期差错更正															
二、本年初余额		3 100 000.00	179 800.00			105 618.00	92 000.00	3 477 418.00	2 850 000.00	179 800.00			32 178.00	51 200.00	3 113 178.00
三、本年增减变动金额（减少以"-"号填列）															
（一）综合收益总额								439 900.00							408 000.00
（二）所有者投入和减少资本															
1. 所有者投入人所有者权益的金额									250 000.00						250 000.00
2. 股份支付计入所有者权益的金额															
3. 其他															
（三）利润分配															
1. 提取盈余公积						79 182.00							73 440.00		
2. 对所有者（或股东）的分配								316 728.00							
3. 其他							43 990.00							40 800.00	293 760.00
（四）所有者权益内部结转															
1. 资本公积转增资本（或股本）		160 000.00	−60 000.00												
2. 盈余公积转增资本（或股本）															
3. 盈余公积弥补亏损															
4. 设定受益计划变动额结转留存收益															
5. 其他综合收益结转留存收益															
6. 其他															
四、本年末余额		3 260 000.00	19 800.00			184 800.00	135 990.00	3 600 590.00	3 100 000.00	179 800.00			105 618.00	92 000.00	3 477 418.00

习题二 练习财务报表的分析

（一）偿债能力的分析。

短期偿债能力分析。

1. 流动比率

$$流动比率 = \frac{2\,643\,570}{1\,337\,520} \times 100\% = 197.65\%$$

这一比率接近200%，表明该公司有较强的短期偿还能力，企业的流动资产在清偿流动负债后，剩余的部分仍能组织企业各项经营业务的正常进行。

2. 速动比率

速动资产 = 2 643 570 - 1 255 180 - 66 800 - 81 000 - 49 200 = 1 191 390（元）

$$速动比率 = \frac{1\,191\,390}{1\,337\,520} \times 100\% = 89.07\%$$

这一比率接近100%，表明该公司有一定的迅速偿还流动负债的能力。

长期偿还能力分析：

$$资产负债率 = \frac{1\,913\,700}{5\,514\,290} \times 100\% = 34.70\%$$

这一比率表明该公司经营资金主要是投资者所有，财务状况良好，企业有足够的资产来偿还其全部债务，使债权人放心，但仅有34.70%的经营资金是从社会筹集的，表明企业的筹资能力一般。

（二）营运能力分析。

1. 应收账款周转率

$$应收账款平均余额 = \frac{779\,090 + 742\,200}{2} = 760\,645（元）$$

$$应收账款周转率 = \frac{11\,675\,000}{760\,645} = 15.35（元）$$

这一应收账款周转率表明公司的应收账款变现速度较快。

2. 存货周转率

$$存货平均余额 = \frac{1\,255\,180 + 1\,201\,650}{2} = 1\,228\,415（元）$$

$$存货周转率 = \frac{10\,055\,400}{1\,228\,415} = 8.19（次）$$

这一存货周转率表明经公司的存货周转速度较快，存货周转的速度愈快，表明这部分资金运用愈好。

3. 流动资产周转率

$$流动资产平均余额 = \frac{2\,643\,570 + 2\,514\,290}{2} = 2\,578\,930（元）$$

$$流动资产周转率 = \frac{11\,675\,000}{2\,578\,930} = 4.53（次）$$

这一流动资产周转率表明该公司流动资产的使用效率较强，流动资产营运能力也较强。

（三）盈利能力分析。

1. 营业利润率和营业净利率

$$营业利润率 = \frac{586\,900}{11\,675\,000} \times 100\% = 5.03\%$$

$$营业净利率 = \frac{439\,900}{11\,675\,000} \times 100\% = 3.77\%$$

这两个指标反映了该公司每 100 元的营业收入能获得营业利润 5.03 元，净利润 3.77 元，营业利润率和营业净利率越高表明企业盈利能力越强。

2. 净资产收益率

$$所有者权益平均余额 = \frac{3\,600\,590 + 3\,477\,418}{2} = 3\,539\,004（元）$$

$$净资产收益率 = \frac{439\,900}{3\,539\,004} \times 100\% = 12.43\%$$

这一指标反映了公司每 100 元净资产能获得净利润 12.43 元，净资产收益率越高表明企业净资产的盈利能力越强。

3. 总资产报酬率

$$总资产平均余额 = \frac{5\,514\,290 + 5\,297\,160}{2} = 5\,405\,725（元）$$

$$总资产报酬率 = \frac{585\,000 + 35\,100}{5\,405\,725} \times 100\% = 11.47\%$$

这一指标反映了企业每 100 元总资产能获得报酬 11.47 元，总资产报酬率越高，表明企业总资产的盈利能力越强。

习题三 练习前期差错的更正

（一）编制会计分录。

会 计 分 录

单位：元

2023 年		凭证号数	摘要	科目及子细目	借方金额	贷方金额
月	日					
2	10	1	发现 2022 年少提折旧费，予以更正	管理费用 　累计折旧	1 280.00	1 280.00
3	20	2-1	转回工程合同成本	工程施工——工程合同成本 　以前年度的损益调整	1 500 000.00	1 500 000.00
		2-2	补计提应交所得税额	以前年度的损益调整 　应交税费——应交所得税	375 000.00	375 000.00
		2-3	结转"以前年度的损益调整"	以前年度的损益调整 　利润分配——未分配利润	1 125 000.00	1 125 000.00
		2-4	补提法定盈余公积和任意盈余公积	利润分配——未分配利润 　盈余公积——法定盈余公积 　盈余公积——任意盈余公积	180 000.00	112 500.00 67 500.00

（二）根据编制的会计分录对财务报表进行调整和重述。

天虹建筑公司在列报 2023 年财务报表时，应调整 2023 年资产负债表有关项目的年初余额，利润表及所有者权益变动表的上年金额也应进行调整。

1. 资产负债表相关项目金额的调整。调增"存货"项目年初余额 1 500 000 元，调增"应交税费"项目年初余额 375 000 元；分别调增"盈余公积"项目年初余额和"未分配利润"项目年初余额 180 000 元和 945 000 元。

2. 利润表项目的调整。调减"营业成本"项目上年金额 1 500 000 元，分别调增"营业利润"项目和"利润总额"项目上年金额各 1 500 000 元；分别调增"所得税费用"项目和"净利润"项目上年金额 375 000 元和 1 125 000 元。

3. 所有者权益变动表项目的调整。分别调增"前期差错更正"项目中"盈余公积"栏和"未分配利润"栏上年金额 180 000 元和 945 000 元，以及"所有者权益合计"栏上年金额 1 125 000 元。

测 试 题

测 试 题 一

题 号	一	二	三	四	五	六	总 分
得 分							

一、是非题（每小题 1 分，共 10 分）

1. 周转材料是指在施工生产中能够多次周转使用，并逐渐转移其价值的工具性材料。（   ）

2. 外购的固定资产应按照购买价款、相关税费、使固定资产达到预定可使用状态前所发生的运输费、装卸费、安装费和专业人员服务费等计量。（   ）

3. 债券折价款是被投资单位为了补偿投资企业以后各期少收利息而预先少付的款项。（   ）

4. 预收账款是指企业按照合同规定向建设单位或发包单位预收的备料款和工程款。（   ）

5. 注册资本可以一次或分次交纳，采取分次交纳的，全体股东的首次出资额不得低于注册资本的 20%。（   ）

6. 工程成本是指企业在施工生产中所发生的，按一定的成本核算对象归集的费用。（   ）

7. "竣工工程成本决算表"可以反映工程预算的执行情况，分析工程成本降低或超支的原因，并为同类工程积累成本资料。（   ）

8. 施工企业如果发生合同预计总成本超过合同预计总收入，应将预计合同损失确认为当期费用，将其列入"主营业务成本"账户。（   ）

9. 企业年终决算后，"利润分配——未分配利润"账户的余额，倘若在借方，表示未分配利润，倘若在贷方，则表示未弥补亏损。（   ）

10. 企业对于重要的前期差错，可以采用追溯重述法进行更正。（   ）

二、单项选择题（每小题 2 分，共 14 分）

1. 金额和收款人名称可以授权他人补记的票据是_____。
   A. 银行本票   B. 支票
   C. 商业汇票   D. 银行汇票

2. 企业取得购货折扣时，应_____。
   A. 列入"营业外收入"账户   B. 冲减材料采购成本
   C. 归入小金库、不入账   D. 冲减"财务费用"账户

3. 企业年终"坏账准备"账户的期末余额在借方，为 380 元，"应收账款"账户余额为

720 000元，按5‰坏账准备率清算本年度坏账准备，还应提取坏账准备_____元。
  A. 3 600   B. -3 600
  C. 3 980   D. 3 220

4. _____期末计提信用减值损失时，贷记"其他综合收益"账户。
  A. 债权投资   B. 交易性金融资产
  C. 其他债权投资   D. 其他权益工具投资

5. 股份支付在授予后，公司在等待期内每个会计期末应将取得职工提供的服务计入成本、费用，计入成本、费用的金额应当按照_____的公允价值计量。
  A. 金融工具   B. 金融资产
  C. 权益工具   D. 衍生工具

6. _____是指施工管理部门为组织和管理工程施工所发生的全部支出。
  A. 间接费用   B. 管理费用
  C. 其他直接费   D. 期间费用

7. 建造合同是指为建造一项或数项在_____等方面密切相关的资产而订立的合同。
  A. 设计、施工、功能、最终用途   B. 设计、技术、功能、最终用途
  C. 设计、施工、功能、技术   D. 设计、技术、施工、最终用途

三、多项选择题（每小题2分，共16分）

1. 施工企业会计的特点是实行分级管理和核算、_____等。
  A. 以单位工程为对象进行成本核算和成本考核
  B. 协作关系复杂
  C. 按在建工程的施工进度定期结算工程款和工程实际成本
  D. 以承包工程合同收入作为建筑产品的价格

2. 按原材料在施工生产中所起的作用不同，可分为主要材料、_____。
  A. 机械配件   B. 辅助材料
  C. 结构件   D. 其他材料

3. 企业确认无形资产必须同时满足_____的条件。
  A. 与该无形资产有关的经济利益很可能流入企业
  B. 该无形资产不具备实物形态
  C. 该无形资产所提供的经济利益具有不确定性
  D. 该无形资产的成本能够可靠地计量

4. 企业采用权益法核算时，当被投资单位_____时，应增加长期股权投资。
  A. 实现了净利润   B. 宣告分派现金股利
  C. 资本溢价   D. 收到现金股利

5. 借款费用必须同时具备下列_____条件的，才能开始予以资本化。
  A. 借款的辅助费用已经发生
  B. 为使资产达到预定可使用或者可销售状态所必要的购建或者生产活动已经开始
  C. 资产支出已经发生
  D. 借款费用已经发生

6. 施工企业确定工程成本核算对象有以单项建造合同工程作为成本核算对象、_____

等多种情况。
    A. 以每个工程作为成本核算对象
    B. 以一组建造合同工程作为成本核算对象
    C. 以全部工程作为成本核算对象
    D. 以部分工程作为成本核算对象

7. _____产生应纳税暂时性差异。
    A. 资产的账面价值大于其计税基础时
    B. 负债的账面价值大于其计税基础时
    C. 资产的账面价值小于其计税基础时
    D. 负债的账面价值小于其计税基础时

8. 反映企业营运能力的指标主要有_____。
    A. 流动资产周转率   B. 存货周转率
    C. 应收账款周转率   D. 总资产报酬率

四、核算题（分录每小题 2 分，其中第 3、第 21 小题，每题 4 分，登记工程施工明细账，4 分，共 52 分）

上海申达建筑公司第一工程部发生下列有关的经济业务，据以编制会计分录，并登记"工程施工——商品房工程合同成本"三级明细账。

1. 收到银行转来马鞍山钢铁厂的托收凭证，并附来增值税专用发票，列明钢筋 90 t，4 620 元/t，金额 415 800 元。增值税税额 54 054 元，运费和装卸费金额 2 700 元，增值税额 243 元，经审核无误，当即承付。

2. 仓库转来收料单，马鞍山钢铁厂发来的 90 t 钢筋已验收入库，钢筋计划成本为 4 612 元/t，并结转材料采购的成本差异。

3. 本月份商品房工程领用主要材料 320 000 元，结构件 60 000 元，商务楼工程领用主要材料 250 000 元，结构件 45 000 元，查"原材料——主要材料"明细账户的期初余额为 392 920 元，"材料成本差异——主要材料"的期初余额为 3 044 元，结构件的成本差异率为 1%，予以转账。

4. 商品房工程领用新钢管脚手架及其附件一批，计划成本 78 000 元，成本差异率为 -0.6%，预计可使用 6 年，预计残值率为 10%，采用分期摊销法摊销。

5. 商务楼工程报废使用的手推车 1 辆，原值 350 元，已摊销 50%，手推车残料估价 25 元，已验收入库。

6. 本工程部编制的工资结算汇总表列明应发职工薪酬为 224 800 元，其中：商品房工程 102 600 元，商务楼工程 79 800 元，机械作业部门 16 000 元（其中：挖掘机作业组 7 800 元，混凝土搅拌机作业组 5 000 元，管理人员 3 200 元），机修车间 12 600 元，施工管理部门 13 800 元，分配本月份职工工资。

7. 按工资总额的 14%、2%、1.5%、20%、1% 和 7%，分别计提职工福利费、工会经费、职工教育费、养老保险费、失业保险费和住房公积金。

8. 计提固定资产折旧费 24 640 元，其中：挖掘机作业组 10 080 元，混凝土搅拌机作业组 7 020 元，机修车间 1 760 元，施工管理部门 5 780 元。

9. 收到运输公司专用发票，开列运输土方 6 050 t/km，单价 4.10 元，金额 24 805 元，增值税额 2 232.45 元，其中：商品房工程 3 600 t/km，商务楼工程 2 450 t/km，账款当即以商业汇票付讫。

10. 收到电力公司专用发票，开列用电 24 100 千瓦时，单价 0.60 元，金额 14 460 元，增值税额 1 879.80 元，电表显示商品房工程耗电 12 010 千瓦时，商务楼工程耗电 9 190 千瓦时，施工管理部门耗电 2 900 千瓦时，账款当即签发转账支票支付。

11. 作为施工管理临时办公室的简易房屋 1 间，价值 150 000 元，预计使用 2 年，使用完毕后可按原值 40% 出售，摊销本月份应负担的费用。

12. 分配本月份归集的机械作业部门共同费用 5 000 元，挖掘机作业组负担 66%，混凝土搅拌机作业组负担 34%。

13. 本月份机修车间归集的生产费用为 27 720 元，该车间为各部门服务 990 工时，其中为挖掘机作业组服务 350 工时，为混凝土作业组服务 200 工时，为施工管理部门服务 50 工时，为大通建筑公司服务 390 工时，分配本月份辅助生产费用。

14. 挖掘机作业组归集的机械使用费为 44 000 元，其为商品房工程完成掘土作业量 1 200 m^3，为商务楼完成掘土作业量 800 m^3；混凝土搅拌机作业组归集的机械使用费为 21 000 元，其为商品房工程完成搅拌混凝土作业量 900 m^3，为商务楼工程完成搅拌混凝土作业量 600 m^3，分配两个工程应负担的机械作业费。

15. 本工程部本月份归集的间接费用为 51 000 元，采用直接费用比例法分配间接费用（已知商务楼工程直接费用为 442 500 元，商品房工程的直接费用，见已登记的"商品房工程合同成本"明细账）。

16. 商品房已竣工，验收合格，施工费用合计为 7 006 000 元，该商品房的建造合同总额为 7 811 000 元，上年年末确认的合同收入为 4 138 000 元，合同毛利为 436 000 元，合同费用为 3 702 000 元，确认与计量本年的合同收入、合同毛利和合同费用，增值税税率为 9%。

17. 根据确认商品房今年的合同收入，向江浦房地产公司办理结算工程价款，查商品房工程今年已预收工程款 736 000 元。

18. 结转竣工商品房已完工程成本。

19. 购进光华公司股票 10 000 股，每股 8 元，以交易金额的 3‰ 支付佣金，款项一并签发转账支票支付，该股票确定以公允价计量且其变动计入当期损益。光华公司 2 天前已宣告将于 10 天后发放现金股利，每股 0.15 元。

20. 将 15 天前收到的兴达房地产公司签发的 30 天期限的带息商业汇票 1 张，金额为 120 000 元，月利息为 6‰，向银行申请贴现，月贴现率为 6.3‰，银行同意贴现，并将贴现款存入银行。

21. 年终决算利润总额为 680 000 元，发生业务招待费 20 000 元，非广告性赞助支出 10 000 元，对外投资分得税后利润 8 000 元，"递延所得税负债"账户余额为 19 250 元，"递延所得税资产"账户余额为 9 900 元，影响计税基础的有关账户余额为：坏账准备 3 800 元，预计负债 60 000 元，"无形资产"账户中有自行开发的专利权 110 000 元，已摊销了 44 000 元，按 25% 税率确认本年度所得税费用，前 11 个月已计提了所得税费用 152 150 元，清算本年度应交所得税额（列出算式）。

22. 分别按净利润的 10% 和 8% 提取法定盈余公积和任意盈余公积。

工程施工三级明细账

开工日期：2022年6月1日
竣工日期：2023年6月30日

账户名称：商品房工程合同成本　　　　　　　　　金额单位：元

2023年		凭证号数	摘要	材料费	人工费	机械使用费	其他直接费	间接费用	合　计
月	日								
6	1		月初余额	4 244 333.00	1 255 717.00	434 000.00	198 034.00	250 775.00	6 382 859.00

五、计算题（第1小题3分，第2小题2分，共5分）

1. 用已经完成的合同工作量占合同预计总工作量比例法确认与计量2022年的合同收入、合同毛利和合同费用。

武泰建筑公司与建设单位签订建造200 km公路的合同，总金额为6 300万元，合同预计总成本为5 340万元，该工程自2022年4月1日开工，预计2023年6月30日竣工，工期1年3个月，2022年年末建造了110 km公路。

2. 计算利润总额。

宁波建筑公司期末损益类账户净发生额为主营业务收入1 250 000元，其他业务收入16 100元，投资收益为3 000元，主营业务成本1 112 500元，其他业务成本12 800元，税金及附加41 250元，管理费用50 120元，财务费用6 000元，信用减值损失3 000元，资产减值损失1 800元，营业外收入2 200元，营业外支出3 100元，所得税费用259 800元，公允价值变动损益（贷方）820元。

六、填空题（每小题0.5分，共3分）

列明下列账户余额所对应的资产负债表的项目。

1. 工程结算（　　　　　　　　）　2. 临时设施（　　　　　　　　）
3. 累计摊销（　　　　　　　　）　4. 工程施工（　　　　　　　　）
5. 长期股权投资减值准备（　　　　　　　　）　6. 本年利润（　　　　　　　　）

测 试 题 二

题　号	一	二	三	四	五	总　分
得　分						

一、是非题（每小题1分，共10分）

1. 负债是企业筹措资金的重要渠道，它实质上反映了企业与债务人之间的一种债权债务关系。　　　　　　　　　　　　　　　　　　　　　　　　　　　（　　）

2. 带息商业汇票贴现时，其实收贴现值有可能大于其票面值，也可能小于其票面值。
( )
3. 现金折扣是指债权人为鼓励债务人在规定的期限内付款，而给予债务人的一种优惠。
( )
4. 已计提减值准备的固定资产在以后会计期间其价值回升时，可以在原已计提减值金额的范围内予以转回。
( )
5. 职工薪酬是指企业为获得职工提供服务而给予各种形式的报酬及其他相关支出。
( )
6. 股份支付的确认和计量，应当以真实、有效的股份支付协议为基础。 ( )
7. 机械使用费包括施工企业在建筑工程和安装工程中使用自有施工机械所发生的各种费用和使用租入机械发生的租赁费用。
( )
8. 账目核对是指将企业各种有关账簿记录进行核对，通过核对做到账账相符。 ( )
9. 利润表的正表由营业收入、营业利润、利润总额、净利润、综合收益总额和每股收益组成。
( )
10. 反映企业盈利能力的指标主要有营业净利率、净资产收益率和总资产报酬率。
( )

二、单项选择题（每小题2分，共14分）

1. 原材料的期末结存金额接近市场价格的计价方法是_____。
  A. 个别计价法   B. 综合加权平均法
  C. 移动加权平均法   D. 先进先出法
2. 企业采用加速折旧法是为了_____。
  A. 在较短的时间内收回固定资产的全部投资
  B. 合理地提取固定资产折旧
  C. 在较短的时间内收回固定资产的大部分投资
  D. 在近期内减少企业的利润
3. 交易性金融资产在持有期间收到被投资单位宣告发放的现金股利时，应贷记"_____"账户。
  A. 交易性金融资产——成本   B. 应收股利
  C. 投资收益   D. 公允价值变动损益
4. 企业确认预计负债的金额应当按照履行相关义务所需支出的_____。
  A. 最可能发生的金额   B. 最佳估计数
  C. 一个连续范围的中间值   D. 各种可能结果的相关概率计算确定数
5. 投资者按照企业章程或合同、协议的约定，实际投入企业的资本是_____。
  A. 投入资本   B. 注册资本
  C. 实收资本   D. 资本公积
6. 施工企业通常应当_____作为成本核算对象。
  A. 以单项建造合同工程   B. 以每个工程
  C. 以部分工程   D. 以一组建造合同工程
7. _____的建造合同，当期确认与计量的合同收入，等于该合同的总收入，当期确认与计量的合同费用,等于该项合同的实际总成本。

　　A. 当年开工当年未完工　　　　B. 当年开工当年完工
　　C. 以前年度开工本年度仍未完工　D. 以前年度开工本年度完工

三、多项选择题(每小题2分,共16分)

1. 企业应坚持"钱账分管"的内部控制制度,出纳人员除了负责现金的收付、保管及登记现金日记账和银行存款日记账外,不得兼办＿＿＿＿。
   A. 费用、收入账簿的登记工作　　B. 债务、债权账簿的登记工作
   C. 稽核工作　　　　　　　　　　D. 会计档案的保管工作
2. 存货按照经济内容的不同,可分为原材料、低值易耗品、＿＿＿＿等。
   A. 未完成施工及在产品　　　　　B. 已完施工及产成品
   C. 委托加工材料　　　　　　　　D. 周转材料
3. 坏账准备提取的方法有＿＿＿＿。
   A. 余额百分比法　　　　　　　　B. 账龄分析法
   C. 赊账百分比法　　　　　　　　D. 备抵法
4. ＿＿＿＿属于投资性房地产。
   A. 已出租的建筑物　　　　　　　B. 持有并准备增值后转让的建筑物
   C. 已出租的土地使用权　　　　　D. 持有并准备增值后转让的土地使用权
5. 施工企业做好成本核算的基础工作包括建立和健全科学的定额管理制度、＿＿＿＿等。
   A. 严格遵守成本开支范围　　　　B. 建立企业内部结算制度和结算价格
   C. 建立和健全原始记录制度　　　D. 建立和健全财产物资管理制度
6. 建造合同的特点主要有＿＿＿＿。
   A. 所建造的资产体积大、造价高
   B. 资产的建设期长,一般都要跨越一个会计年度,有的长达数年
   C. 建造合同一般为不可取消合同
   D. 先有买主,后有标底
7. 企业计算应交增值税额时,应增加的项目有＿＿＿＿。
   A. 销项税额　　　　　　　　　　B. 进项税额转出
   C. 转出未交增值税　　　　　　　D. 转出多交增值税
8. 前期差错通常包括应用会计政策错误、＿＿＿＿等。
   A. 应用会计估计错误　　　　　　B. 存货、固定资产盘盈
   C. 疏忽或曲解事实　　　　　　　D. 计算错误

四、核算题(分录题每小题2分,其中第17题4分,登记工程施工明细账4分,共52分)

　　上海嘉定建筑公司第二工程部发生下列有关的经济业务,据以编制会计分录,并登记"工程施工——商品房工程合同成本"三级明细账。

　　1. 本月份商品房工程领用主要材料350 000元,结构件72 000元,商务楼工程领用主要材料280 000元,结构件48 000元,主要材料的成本差异率为-0.6%,结构件的成本差异率为-0.5%,予以转账。

2. 用分期摊销法摊销建筑工程已领用的钢管脚手架应由本月份负担的费用,商品房工程领用的钢管脚手架为72 000元,商务楼工程领用的钢管脚手架为68 000元,预计均可使用6年,预计残值率为10%。

3. 商品房工程领用手推车3辆,商务楼工程领用手推车2辆,手推车每辆380元,用五五摊销法摊销。

4. 本工程部编制的工资结算汇总表列明应发职工薪酬为217 200元,其中:商品房工程105 000元,商务楼工程81 000元,机械作业部门17 000元(其中:挖掘机作业组8 200元,混凝土搅拌机作业组5 400元,管理人员3 400元),施工管理部门14 200元,分配本月份职工工资。

5. 按工资总额的14%、2%、1.5%、20%、1%和7%,分别计提职工福利费、工会经费、职工教育经费、养老保险费、失业保险费和住房公积金。

6. 购进挖掘机1台,专用发票上列明买价118 000元,增值税额15 340元,运输及装卸费发票金额400元,增值税额36元,账款一并从银行汇付对方,挖掘机也已收到,达到预定可使用状态,并验收使用。

7. 挖掘机作业组和混凝土搅拌机作业组的各种设备原始价值分别为1 080 000元和720 000元,年折旧率均为12%,施工管理部门拥有交通运输工具和各种管理设备,原始价值分别为100 000元和45 000元,年折旧率分别为12%和16%,计提本月份固定资产折旧费。

8. 工程施工期预计20个月,为工程施工搭建的临时职工宿舍和临时仓库的原值共216 000元,预计净残值率为10%,计提本月份应负担的摊销费。

9. 收到电力公司专用发票,开列用电25 150千瓦时,单价0.60元,金额15 090元,增值税额1 961.70元。电表显示商品房工程耗电12 400千瓦时,商务楼耗电9 900千瓦时,施工管理部门耗电2 850千瓦时,账款当即签发转账支票支付。

10. 分配本月份归集的机械作业部门的共同费用5 600元,挖掘机作业组负担65%,混凝土搅拌机组负担35%。

11. 挖掘机作业组归集的机械使用费为47 925元,其中商品房工程完成掘土作业量1 250 m³,为商务楼工程完成掘土作业量880 m³;混凝土搅拌机作业组归集的机械使用费为21 600元,其为商品房工程完成搅拌混凝土作业量960 m³,为商务楼工程完成搅拌混凝土作业量640 m³,分配两个工程应负担的机械作业量。

12. 收到运输公司专用发票,开列运输土方6 600 t/km,单价4.05元,金额26 730元,增值税额2 405.70元,其中商品房工程3 800 t/km,商务楼工程2 800 t/km,账单当即以转账支票付讫。

13. 本工程部本月份归集的间接费用为54 940元,用直接费用比例法分配间接费用(已知商务楼工程直接费用为477 900元,商品房工程的直接费用见已登记的商品房工程合同成本明细账)。

14. 商品房已竣工,验收合格,施工费用合计为7 202 000元,该商品房的建造合同总金额为8 056 000元,上年年末确认的合同收入为4 825 000元,合同毛利为511 450元,合同费用为4 313 550元,确认与计量本年的合同收入、合同毛利和合同费用。

15. 根据确认商品房今年的合同收入,向兴达房地产公司办理结算工程价款,查商品房工程今年已预收工程款 807 750 元。

16. 结转竣工商品房已完工程成本。

17. 年终决算利润总额为 700 000 元，发生业务招待费 22 000 元，非广告性赞助支出 10 800 元，国债利息收入 9 000 元，"递延所得税负债"账户余额为 15 150 元，"递延所得税资产"账户余额为 1 840 元，影响计税基础的有关账户余额为：坏账准备为 4 000 元，存货跌价准备 6 000 元，"无形资产"账户中有自行开发的非专利技术 90 000 元，已摊销了 36 000 元，按 25%税率确认本年度所得税费用，前 11 个月已计提了所得税费用 152 690 元，清算本年度应交所得税额。（列出算式）

18. 按净利润的 70%计提应分配给投资者的利润。

19. 第 17 笔业务的应交所得税已预缴了 12 500 元，清缴上年度应交所得税。

20. 年初从东昌房地产公司股东中购入该公司 40%的股权，取得了对该公司的共同控制权，而对价付出资产的账面价值为 3 750 000 元，其中：固定资产 1 000 000 元，已提折旧 150 000 元，其公允价值为 845 000 元，其余 2 500 000 元签发转账支票付讫，东昌房地产公司接受本公司投资后，可辨认净资产公允价值为 8 480 000 元，按本公司享有的份额予以调整。

21. 年末东昌房地产公司利润表的净利润为 780 000 元，按本公司应享有的份额予以调整。

22. 为建造办公楼，发行面值 450 000 元的债券，其票面利率为 9%，期限 2 年，每年付息一次，而金融市场实际利率为 8%，现收到溢价发行债券的全部款项，存入银行（查表得复利现值系数为 0.857 3，年金现值系数为 1.783 3）。

23. 按票面利率计提上月份发行的 450 000 元债券利息，并摊销本月份利息调整额。

工程施工三级明细账

开工日期：2022 年 4 月 1 日
竣工日期：2023 年 6 月 30 日

账户名称：商品房工程合同成本　　　　　　　　　　　　金额单位：元

| 2023 年 | | 凭证号数 | 摘　要 | 材料费 | 人工费 | 机械使用费 | 其他直接费 | 间接费用 | 合　计 |
月	日								
6	1		月初余额	4 336 490.00	1 292 225.00	444 915.00	203 370.00	256 255.00	6 533 255.00

五、计算题（8 分）

1. 列出算式计算资产负债表两个项目应填列的金额。（每小题 2 分，共 4 分）

有关账户期末余额为：材料采购 32 000 元，原材料 350 000 元，周转材料 78 000 元，低值易耗品 51 000 元，材料成本差异（贷方）7 200 元，工程施工 3 450 000 元，存货跌价准备 4 200 元，工程结算 2 780 000 元，固定资产 2 820 000 元，临时设施 380 000 元，在建工程 76 000 元，累计折旧 366 000 元，临时设施摊销 191 000 元，固定资产减值准备 5 500 元。

（1）存货 = _____

（2）固定资产 = _____

2. 列出算式计量现金流量表两个项目填列的金额（每小题 2 分，共 4 分）

资产负债表项目	年末余额	年初余额	利润表项目	本年金额
应收票据	30 000.00	25 000.00	营业收入	10 980 000.00
应收账款	745 000.00	688 000.00	公允价值变动损益（贷方）	1 500.00
预收账款	196 000.00	145 000.00	投资收益	23 600.00
应收账款	15 000.00	12 000.00		

"应交税费——应交增值税"账户所属"销项税额"明细账贷方发生额 988 200 元，"坏账准备——应收账款"账户借方发生额为 4 560 元，贷方发生额为 4 780 元，"应收利息"账户年初余额为 2 400 元，年末余额为 3 600 元，"债权投资——应计利息"账户年初余额为 1 800 元，年末余额为 2 000 元。

（1）销售商品，提供劳务收到的现金 = _____

（2）取得投资收益收到的现金 = _____

测试题解答

测试题一解答

题 号	一	二	三	四	五	六	总 分
得 分							

一、是非题（每小题 1 分，共 10 分）

1. × 2. × 3. √ 4. × 5. √ 6. × 7. √ 8. × 9. × 10. √

二、单项选择题（每小题 2 分，共 14 分）

1. B 2. D 3. C 4. C 5. C 6. A 7. B

三、多项选择题（每小题 2 分，共 16 分）

1. ABCD 2. ACD 3. AD 4. AC 5. BCD 6. ABD 7. AD 8. ABC

四、核算题（分录题每小题 2 分，其中第 3、第 21 小题，每题 4 分，登记工程施工明细账，4 分，共 52 分）

1. 借：材料采购——主要材料　　　　　　　　　　　　418 500.00
　　　应交税费——应交增值税——进项税额　　　　　 54 297.00
　　贷：银行存款　　　　　　　　　　　　　　　　　472 797.00

2. 借：原材料——主要材料　　　　　　　　　　　　　415 080.00
　　　材料成本差异——主要材料　　　　　　　　　　　3 420.00
　　贷：材料采购——主要材料　　　　　　　　　　　418 500.00

3-1. 借：工程施工——商品房工程合同成本——材料费　380 000.00
　　　　工程施工——商务楼工程合同成本——材料费　295 000.00
　　　贷：原材料——主要材料　　　　　　　　　　　570 000.00
　　　　　原材料——结构件　　　　　　　　　　　　105 000.00

3-2. 借：工程施工——商品房工程合同成本——材料费　　3 160.00
　　　　工程施工——商务楼工程合同成本——材料费　　2 450.00
　　　贷：材料成本差异——主要材料　　　　　　　　　4 560.00
　　　　　材料成本差异——结构件　　　　　　　　　　1 050.00

4-1. 借：周转材料——在用周转材料　　　　　　　　　 78 000.00
　　　贷：周转材料——在库周转材料　　　　　　　　　78 000.00

4-2. 借：工程施工——商品房工程合同成本——材料费　　　975.00
　　　贷：工程施工——周转材料摊销　　　　　　　　　　975.00

4-3. 借：材料成本差异——周转材料　　　　　　　　　　 468.00
　　　贷：工程施工——商品房工程合同成本——材料费　　468.00

5. 借：低值易耗品——低值易耗品摊销 175.00
　　　原材料 25.00
　　　工程施工——商务楼工程合同成本——材料费 150.00
　　贷：低值易耗品——在用低值易耗品 350.00
6. 借：工程施工——商品房工程合同成本——人工费 102 600.00
　　　工程施工——商务楼工程合同成本——人工费 79 800.00
　　　机械作业——挖掘机作业组 7 800.00
　　　机械作业——混凝土搅拌机作业组 5 000.00
　　　机械作业——共同费用 3 200.00
　　　生产成本——辅助生产成本 12 600.00
　　　工程施工——间接费用 13 800.00
　　贷：应付职工薪酬——工资 224 800.00
7. 借：工程施工——商品房工程合同成本——人工费 46 683.00
　　　工程施工——商务楼工程合同成本——人工费 36 309.00
　　　机械作业——挖掘机作业组 3 549.00
　　　机械作业——混凝土搅拌机作业组 2 275.00
　　　机械作业——共同费用 1 456.00
　　　生产成本——辅助生产成本 5 733.00
　　　工程施工——间接费用 6 279.00
　　贷：应付职工薪酬——职工福利费 31 472.00
　　　　应付职工薪酬——工会经费 4 496.00
　　　　应付职工薪酬——职工教育经费 3 372.00
　　　　应付职工薪酬——社会保险费 47 208.00
　　　　应付职工薪酬——住房公积金 15 736.00
8. 借：机械作业——挖掘机作业组 10 080.00
　　　机械作业——混凝土挖掘机作业组 7 020.00
　　　生产成本——辅助生产成本 1 760.00
　　　工程施工——间接费用 5 780.00
　　贷：累计折旧 24 640.00
9. 借：工程施工——商品房工程合同成本——其他直接费 14 760.00
　　　工程施工——商务楼工程合同成本——其他直接费 10 045.00
　　　应交税费——应交增值税——进项税额 2 232.45
　　贷：应付票据 27 037.45
10. 借：工程施工——商品房工程合同成本——其他直接费 7 206.00
　　　工程施工——商务楼工程合同成本——其他直接费 5 514.00
　　　工程施工——间接费用 1 740.00
　　　应交税费——应交增值税——进项税额 1 879.80
　　贷：银行存款 16 339.80

11. 借：工程施工——间接费用 3 750.00
　　　贷：临时设施摊销 3 750.00
12. 借：机械作业——挖掘机作业组 3 300.00
　　　　机械作业——混凝土搅拌机作业组 1 700.00
　　　贷：机械作业——共同费用 5 000.00
13. 借：机械作业——挖掘机作业组 9 800.00
　　　　机械作业——混凝土搅拌机作业组 5600.00
　　　　工程施工——共同费用 1 400.00
　　　　其他业务成本 10 920.00
　　　贷：生产成本——辅助生产成本 27 720.00
14. 借：工程施工——商品房工程合同成本——机械使用费 39 000.00
　　　　工程施工——商务楼工程合同成本——机械使用费 26 000.00
　　　贷：机械作业——挖掘机作业组 44 000.00
　　　　　机械作业——混凝土挖掘机作业组 21 000.00
15. 借：工程施工——商品房合同工程成本——间接费用 29 225.00
　　　　工程施工——商务楼合同工程成本——间接费用 21 775.00
　　　贷：工程施工——间接费用 51 000.00
16. 借：应收账款 330 570.00
　　　　主营业务成本——商品房工程 3 304 000.00
　　　　工程施工——商品房工程合同毛利 369 000.00
　　　贷：主营业务收入——商品房工程 3 673 000.00
　　　　　应交税费——应交增值税——销项税额 330 570.00
17. 借：预收账款——江浦房地产公司 736 000.00
　　　　应收账款——江浦房地产公司 2 937 000.00
　　　贷：工程结算——江浦房地产公司 3 673 000.00
18. 借：工程结算——江浦房地产公司 7 811 000.00
　　　贷：工程施工——商品房工程合同成本——材料费 4 628 000.00
　　　　　工程施工——商品房工程合同成本——人工费 1 405 000.00
　　　　　工程施工——商品房工程合同成本——机械使用费 473 000.00
　　　　　工程施工——商品房工程合同成本——其他直接费 220 000.00
　　　　　工程施工——商品房工程合同成本——间接费用 280 000.00
　　　　　工程施工——商品房工程合同成本——毛利 805 000.00
19. 借：交易性金融资产——成本——光华公司股票 78 500.00
　　　　应收股利——光华公司 1 500.00
　　　　投资收益 240.00
　　　贷：银行存款 80 240.00
20. 借：银行存款 120 339.73
　　　贷：应付票据 120 000.00
　　　　　财务费用 339.73

21. 本年所得税额=[680 000+20 000×40%+10 000-8 000+3 800+60 000-(110 000-
    44 000)]×25%=171 950（元）
本年所得税额=171 950-152 150=19 800（元）
递延所得税负债=(110 000-44 000)×25%=16 500（元）
递延所得税资产=(3 800+60 000)×25%=15 950（元）

借：所得税费用（19 800-2 750-1 050）　　　　　　　　　　　　11 000.00
　　递延所得税负债（16 500-19 250）　　　　　　　　　　　　　 2 750.00
　　递延所得税资产（15 950-9 900）　　　　　　　　　　　　　　 6 050.00
　　贷：应交税费——应交所得税　　　　　　　　　　　　　　　　　　　19 800.00

22. 借：利润分配——提取法定盈余公积　　　　　　　　　　　　　51 685.00
　　　利润分配——提取任意公积　　　　　　　　　　　　　　　　41 348.00
　　贷：盈余公积——法定盈余公积　　　　　　　　　　　　　　　　　　51 685.00
　　　　盈余公积——任意盈余公积　　　　　　　　　　　　　　　　　　41 348.00

工程施工三级明细账

开工日期：2022年6月1日
竣工日期：2023年6月30日

账户名称：商品房工程合同成本　　　　　　　　　　　　　　　　金额单位：元

2023年		凭证号数	摘要	材料费	人工费	机械使用费	其他直接费	间接费用	合计
月	日								
6	1		月初余额	4 244 333.00	1 255 717.00	434 000.00	198 034.00	250 775.00	6 382 859.00
	30	3-1	耗用材料计划成本	380 000.00					380 000.00
		3-2	调整材料成本差异	3 160.00					3 160.00
		4-2	摊销周转材料	975.00					975.00
		4-3	调整周转材料成本差异	468.00					468.00
		6	分配职工工资		102 600.00				102 600.00
		7	分配其他人工费用		46 683.00				30 267.00
		9	分配运输土方费				14 760.00		14 760.00
		10	分配电力费				7 206.00		7 206.00
		14	分配机械使用费			39 000.00			39 000.00
		15	分配间接费用					29 225.00	29 225.00
6	30		本月施工费用合计	383 667.00	149 283.00	39 000.00	21 966.00	29 225.00	623 141.00
			施工费用合计	4 628 000.00	1 405 000.00	473 000.00	220 000.00	280 000.00	7 006 000.00
		18	结转竣工工程成本	4 628 000.00	1 405 000.00	473 000.00	220 000.00	280 000.00	7 006 000.00
			期末余额						-0.00-

五、计算题（第1小题3分，第2小题2分，共5分）

1. 确认与计量2023年合同收入、合同毛利和合同费用

合同完工进度 = $\frac{110}{200} \times 100\% = 55\%$

确认与计量2023年合同收入=6 300×55%=3 465（万元）

确认与计量2023年合同毛利=（6 300-5340）×55%=528（万元）

确认与计量 2023 年合同费用＝3 465－528＝2 937（万元）
2. 计算利润总额
利润总额＝1 250 000＋16 100＋3 000－1 112 500－12 800－41 250－50 120－6 000－3 000－
　　　　　1 800＋2 200－3 100＋820＝1 042 800（元）

六、填空题（每小题 0.5 分，共 3 分）

列明下列账户余额所对应的资产负债表的项目。
1. 工程结算　　　　　　　（存货　　　　）　　2. 临时设施　　　（固定资产　　）
3. 累计摊销　　　　　　　（无形资产　　）　　4. 工程施工　　　（存货　　　　）
5. 长期股权投资减值准备　（长期股权投资）　　6. 本年利润　　　（未分配利润　）

测试题二解答

题　号	一	二	三	四	五	总　分
得　分						

一、是非题

1. ×　2. √　3. ×　4. ×　5. √　6. ×　7. ×　8. √　9. ×　10. ×

二、单项选择题

1. D　2. C　3. B　4. B　5. C　6. A　7. B

三、多项选择题

1. ABCD　2. ABD　3. ABC　4. ACD　5. BCD　6. ABCD　7. ABC　8. BCD

四、核算题

1-1. 借：工程施工——商品房工程合同成本——材料费　　　　422 000.00
　　　　　工程施工——商务楼工程合同成本——材料费　　　　328 000.00
　　　　贷：原材料——主要材料　　　　　　　　　　　　　　630 000.00
　　　　　　原材料——结构件　　　　　　　　　　　　　　　120 000.00

1-2. 借：材料成本差异——主要材料　　　　　　　　　　　　3 780.00
　　　　　材料成本差异——结构件　　　　　　　　　　　　　600.00
　　　　贷：工程施工——商品房工程合同成本——材料费　　　2 460.00
　　　　　　工程施工——商务楼工程合同成本——材料费　　　1 920.00

2. 借：工程施工——商品房工程合同成本——材料费　　　　　900.00
　　　　工程施工——商务楼工程合同成本——材料费　　　　　825.00
　　　贷：周转材料——周转材料摊销　　　　　　　　　　　1 725.00

3-1. 借：低值易耗品——在用低值易耗品　　　　　　　　　　1 900.00
　　　　贷：低值易耗品——在库低值易耗品　　　　　　　　　1 900.00

3-2. 借：工程施工——商品房工程合同成本——材料费　　　　570.00
　　　　　工程施工——商务楼工程合同成本——材料费　　　　380.00
　　　　贷：低值易耗品——低值易耗品摊销　　　　　　　　　950.00

4. 借：工程施工——商品房工程合同成本——人工费　　　　105 000.00
　　　工程施工——商务楼工程合同成本——人工费　　　　 81 000.00
　　　机械作业——挖掘机作业组　　　　　　　　　　　　　8 200.00
　　　机械作业——混凝土搅拌机作业组　　　　　　　　　　5 400.00
　　　机械作业——共同费用　　　　　　　　　　　　　　　3 400.00
　　　工程施工——间接费用　　　　　　　　　　　　　　　14 200.00
　　贷：应付职工薪酬——工资　　　　　　　　　　　　　217 200.00
5. 借：工程施工——商品房工程合同成本　　　　　　　　　47 775.00
　　　工程施工——商务楼工程合同成本　　　　　　　　　　36 855.00
　　　机械作业——挖掘机作业组　　　　　　　　　　　　　3 731.00
　　　机械作业——混凝土搅拌机作业组　　　　　　　　　　2 457.00
　　　机械作业——共同费用　　　　　　　　　　　　　　　1 547.00
　　　工程施工——间接费用　　　　　　　　　　　　　　　6 461.00
　　贷：应付职工薪酬——职工福利　　　　　　　　　　　30 408.00
　　　　应付职工薪酬——工会经费　　　　　　　　　　　 4 344.00
　　　　应付职工薪酬——职工教育经费　　　　　　　　　 3 258.00
　　　　应付职工薪酬——社会保险费　　　　　　　　　　45 612.00
　　　　应付职工薪酬——住房公积金　　　　　　　　　　15 204.00
6. 借：固定资产　　　　　　　　　　　　　　　　　　　118 400.00
　　　应交税费——应交增值税——进项税额　　　　　　　15 376.00
　　贷：银行存款　　　　　　　　　　　　　　　　　　133 776.00
7. 借：机械作业——挖掘机作业组　　　　　　　　　　　　10 800.00
　　　机械作业——混凝土搅拌机组　　　　　　　　　　　 7 200.00
　　　工程施工——间接费用　　　　　　　　　　　　　　 1 600.00
　　贷：累计折旧　　　　　　　　　　　　　　　　　　　19 600.00
8. 借：工程施工——间接费用　　　　　　　　　　　　　　9 720.00
　　贷：临时设施摊销　　　　　　　　　　　　　　　　　 9 720.00
9. 借：工程施工——商品房工程成本——其他直接费　　　　 7 440.00
　　　工程施工——商务楼工程成本——其他直接费　　　　 5 940.00
　　　工程施工——间接费用　　　　　　　　　　　　　　 1 710.00
　　　应交税费——应交增值税——进项税额　　　　　　　 1 961.70
　　贷：银行存款　　　　　　　　　　　　　　　　　　　17 051.70
10. 借：机械作业——挖掘机作业组　　　　　　　　　　　　3 640.00
　　　 机械作业——混凝土搅拌机作业组　　　　　　　　　 1 960.00
　　贷：机械作业——共同费用　　　　　　　　　　　　　 5 600.00
11. 借：工程施工——商品房工程合同成本——机械使用费　　41 085.00
　　　 工程施工——商务楼工程合同成本——机械使用费　　28 440.00
　　贷：机械作业——挖掘机作业组　　　　　　　　　　　 47 925.00
　　　　机械作业——混凝土搅拌机作业组　　　　　　　　 21 600.00

12. 借：工程施工——商品房工程合同成本——其他直接费　　　　15 390.00
　　　　工程施工——商务楼工程合同成本——其他直接费　　　　11 340.00
　　　　应交税费——应交增值税——进项税额　　　　　　　　　2 405.70
　　　贷：银行存款　　　　　　　　　　　　　　　　　　　　　　29 135.70
13. 借：工程施工——商品房工程合同成本——间接费用　　　　　31 045.00
　　　　工程施工——商务楼工程合同成本——间接费用　　　　　23 895.00
　　　贷：工程施工——间接费用　　　　　　　　　　　　　　　　54 940.00
14. 借：应收账款　　　　　　　　　　　　　　　　　　　　　　　290 790.00
　　　　主营业务成本——商品房工程　　　　　　　　　　　　　2 888 450.00
　　　　工程施工——商品房工程合同毛利　　　　　　　　　　　　342 550.00
　　　贷：主营业务收入——商品房工程　　　　　　　　　　　　3 231 000.00
　　　　　　应交税费——应交增值税——销项税额　　　　　　　　290 790.00
15. 借：预收账款——兴达房地产公司　　　　　　　　　　　　　　807 750.00
　　　　应收账款——兴达房地产公司　　　　　　　　　　　　　2 423 250.00
　　　贷：工程结算——兴达房地产公司　　　　　　　　　　　　3 231 000.00
16. 借：工程结算——兴达房地产公司　　　　　　　　　　　　　8 056 000.00
　　　贷：工程施工——商品房工程合同成本——材料费　　　　　4 757 500.00
　　　　　工程施工——商品房工程合同成本——人工费　　　　　1 445 000.00
　　　　　工程施工——商品房工程合同成本——机械使用费　　　　486 000.00
　　　　　工程施工——商品房工程合同成本——其他直接费　　　　226 200.00
　　　　　工程施工——商品房工程合同成本——间接费用　　　　　287 300.00
　　　　　工程施工——商品房工程合同毛利　　　　　　　　　　　854 000.00
17. 本年所得税额＝[700 000+22 000×40%+10 800－9 000+4 000+6 000－（90 000－
　　　　　　　　　36 000）]×25%＝166 650（元）
本月所得税额＝166 650－152 690＝13 960（元）
递延所得税负债＝（90 000－36 000）×25%＝13 500（元）
递延所得税资产＝（4 000+6 000）×25%＝2 500（元）
　　借：所得税费用（13 960－2 250－660）　　　　　　　　　　　11 050.00
　　　　递延所得税负债（13 500－15 750）　　　　　　　　　　　2 250.00
　　　贷：递延所得税资产（2 500－1 840）　　　　　　　　　　　　660.00
　　　　　应交税费——应交所得税　　　　　　　　　　　　　　　13 960.00
18. 借：利润分配——应付现金股利或利润　　　　　　　　　　　　375 382.00
　　　贷：应付股利　　　　　　　　　　　　　　　　　　　　　　375 382.00
19. 借：应交税费——应交所得税　　　　　　　　　　　　　　　　1 460.00
　　　贷：银行存款　　　　　　　　　　　　　　　　　　　　　　1 460.00
20-1. 借：固定资产清理　　　　　　　　　　　　　　　　　　　850 000.00
　　　　　累计折旧　　　　　　　　　　　　　　　　　　　　　150 000.00
　　　　贷：固定资产　　　　　　　　　　　　　　　　　　　1 000 000.00

测试题解答   99

20-2. 借：长期股权投资——投资成本　　　　　　　3 345 000.00
　　　　　资产处理损益　　　　　　　　　　　　　　 5 000.00
　　　　贷：固定资产清理　　　　　　　　　　　　　　 850 000.00
　　　　　　银行存款　　　　　　　　　　　　　　　2 500 000.00
20-3. 借：长期股权投资——投资成本　　　　　　　　 47 000.00
　　　　贷：营业外收入　　　　　　　　　　　　　　　 47 000.00
21. 借：长期股权投资——损益调整　　　　　　　　　 312 000.00
　　　贷：投资收益　　　　　　　　　　　　　　　　　 312 000.00
22. 借：银行存款　　　　　　　　　　　　　　　　　 458 008.65
　　　贷：应付债券——面值　　　　　　　　　　　　　 450 000.00
　　　　　应付债券——利息调整　　　　　　　　　　　　 8 008.65
23-1. 借：在建工程——建筑工程——建造办公楼　　　 3 375.00
　　　　贷：应付利息　　　　　　　　　　　　　　　　　 3 375.00
23-2. 借：应付债券——利息调整　　　　　　　　　　　 333.69
　　　　贷：在建工程——建筑工程——建造办公楼　　　　 333.69

工程施工三级明细账

开工日期：2022 年 4 月 1 日
竣工日期：2023 年 6 月 30 日

账户名称：商品房工程合同成本　　　　　　　　　　　　　金额单位：元

2023年		凭证号数	摘要	材料费	人工费	机械使用费	其他直接费	间接费用	合计
月	日								
6	1		月初余额	4 336 490.00	1 292 225.00	444 915.00	203 370.00	256 255.00	6 533 255.00
	30	1-1	耗用材料计划成本	422 000.00					422 000.00
		1-2	调整材料成本差异	2 460.00					2 460.00
		2	摊销周转材料	900.00					900.00
		3-2	摊销低值易耗品	570.00					570.00
		4	分配职工工资		105 000.00				105 000.00
		5	分配其他人工费用		47 775.00				30 975.00
		9	分配电力费				7 440.00		7 440.00
		11	分配机械使用费			41 085.00			41 085.00
		12	分配运输土方费				15 390.00		15 390.00
		13	分配间接费用					31 045.00	31 045.00
6	30		本月施工费用合计	421 010.00	152 775.00	41 085.00	22 830.00	31 045.00	668 745.00
			施工费用合计	4 757 500.00	1 445 000.00	486 000.00	226 200.00	287 300.00	7 202 000.00
			结转竣工工程成本	4 757 500.00	1 445 000.00	486 000.00	226 200.00	287 300.00	7 202 000.00
			期末余额						-0.00-

五、计算题（8 分）

1. 列出算式计算资产负债表两个项目应填列的金额（每小题 2 分，共 4 分）

（1）存货 = 32 000+350 000+78 000+51 000-7 200+3 450 000-4 200-2 780 000
　　　　 = 1 169 600（元）

(2) 固定资产=2 820 000+380 000+76 000-366 000-191 000-5 500
　　　　　=2 713 500（元）

2. 列出算式计算现金流量表两个项目应填列的金额（每小题 2 分，共 4 分）

(1) 销售商品，提供劳务收到的现金=10 980 000+988 200+25 000+688 000+196 000-30 000-745 000-145 000-4 780=11 952 420（元）

(2) 取得投资收益收到的现金=1 500+23 600+2 400+1 800-3 600-2 000=23 700（元）